U0636793

高等职业教育十二五规划教材

高职高专旅游类专业精品教材

酒店管理实务

吉根宝　主　编

顾亚莉　孔　捷　王卫东　副主编

清华大学出版社

北　京

内容简介

酒店管理实务是现代酒店经营管理的重要组成部分,也是高职高专旅游管理、酒店管理等专业的核心课程之一。本书从现代酒店经营管理的实际情况和工作任务分析入手,通过典型工作任务的引领形成项目模块,构建新的内容结构,凸显职业教育的专业性和应用性,提升学生职业能力。本书内容包括酒店经营管理模式、酒店战略管理、酒店计划管理、酒店营销管理、酒店人力资源管理、酒店物资设备管理、酒店质量管理、酒店信息管理、酒店安全管理等九个模块。每个模块设有模块说明,设定多个任务,围绕任务流程设计"任务目标—知识准备—任务实施—知识链接—关键点控制—阅读材料—实战训练—学习测评"学习模式。

本书可以作为高职高专、成人高等教育旅游管理类专业教材,也可以作为酒店管理人员的培训教材。

图书在版编目(CIP)数据

酒店管理实务/吉根宝主编 . —北京:清华大学出版社,2011.8(2022.1重印)
(高职高专旅游类专业精品教材)
ISBN 978-7-302-26188-9

Ⅰ.①酒⋯　Ⅱ.①吉⋯　Ⅲ.①饭店—企业管理—高等职业教育—教材　Ⅳ.①F719.2

中国版本图书馆 CIP 数据核字(2011)第 136962 号

责任编辑:刘士平
责任校对:李　梅
责任印制:丛怀宇

出版发行:清华大学出版社
　　　　网　　址:http://www.tup.com.cn,http://www.wqbook.com
　　　　地　　址:北京清华大学学研大厦 A 座　　　　邮　　编:100084
　　　　社 总 机:010-62770175　　　　　　　　　　邮　　购:010-62786544
　　　　投稿与读者服务:010-62776969,c-service@tup.tsinghua.edu.cn
　　　　质 量 反 馈:010-62772015,zhiliang@tup.tsinghua.edu.cn
印 装 者:北京建宏印刷有限公司
经　　销:全国新华书店
开　　本:185mm×260mm　　　　印　　张:13.25　　　　字　　数:297 千字
版　　次:2011 年 8 月第 1 版　　　　　　　　　印　　次:2022 年 1 月第 12 次印刷
定　　价:39.00 元

产品编号:039590-02

随着服务业的快速发展，人们的消费观念和消费模式发生了巨大变化，对酒店的服务和管理也提出了更高要求。与此同时，酒店之间的竞争也更为激烈，酒店对员工的要求也越来越高。

培养适应生产、建设、服务和管理第一线工作的高素质技能型人才，适应行业的快速发展，是高职高专的首要任务，而教材建设是人才培养的重要环节。编者根据教育部高职高专人才培养相关文件的精神，结合清华大学出版社"精品教材建设工程"、"规划教材"的阶段性设计要求，编写了这本《酒店管理实务》。

本书紧紧围绕高职高专人才的培养目标，紧扣市场需求，打破传统的理论教学为主的课程设置思路和模式，从现代酒店经营管理的实际情况和工作任务分析入手，形成项目模块和工作任务，体现新的课程体系、新的教学内容和教学方法，以教师为主导，以学生为主体，以任务为中心，兼顾知识教育和能力教育，强调"精、创、能、改"。

（1）"精"。以提升员工的素质、强化能力开发有利于职业发展为出发点，在教学内容处理上强调精致。

（2）"创"。首先是形式创新，采取"任务驱动"的形式，将探究式、互动式、开放式教学方法融入编写内容中，充分发挥教师在教学过程中的主导作用和学生的主体作用。其次是内容上力求创新。

（3）"能"。根据"实际、实用、实践"的原则，立足提升学生的综合能力，突出学生解决问题的能力训练与职业素质培养。以职业行为作导向，采用任务驱动，使学生在典型任务驱动下展开学习活动，引导学生由简到繁、由易到难、循序渐进地完成一系列任务，培养学生分析问题、解决问题的能力及综合运用能力，从而提升其自身的知识与技能。

（4）"改"。立足当前高职学生现状和实际市场需求，打破原有的条条框框，广泛汲取同类教材的精华，整合原来教材内容，并采纳了行业专家和企业指导委员会成员的意见，优化教材内容。

本书是校企合作的成果，文中很多具体的产品和业务案例均来自于真实酒店的经营实际，具体的编写过程更是得到了多位资深酒店管理人员的大力支持。在此特别感谢携程旅游网的王晓琴女士，以及郭海红、孔祥静等行业人士，他们为本书的编写提供了很好的建议。

本书分为酒店经营管理模式、酒店战略管理、酒店计划管理、酒店营销管理、酒店人力资源管理、酒店物资设备管理、酒店质量管理、酒店信息管理、酒店安全管理等九个模块，由江苏农林职业技术学院吉根宝老师担任主编并负责全书大纲的制定和统稿工作；常州工业职业技术学院顾亚莉老师、无锡商业职业技术学院孔捷老师、新疆职业大学王晓东老师担任副主编；扬州职业大学罗朝霞老师、江苏农林职业技术学院李萍萍老师、李涛老师参编。

具体分工如下：

吉根宝：模块一酒店经营管理模式、模块五酒店人力资源管理、模块八酒店信息管理。

罗朝霞：模块二酒店战略管理（前三个任务）。

顾亚莉：模块二酒店战略管理（第四个任务）、模块三酒店计划管理。

李萍萍：模块四酒店营销管理。

王晓东：模块六酒店物资设备管理。

孔 捷：模块七酒店质量管理。

李 涛：模块九酒店安全管理。

由于编者的水平有限，难免有欠缺之处，敬请专家和读者批评指正。

编 者

2011 年 8 月

酒店管理实务

目录

CONTENTS

模块三　酒店计划管理

模块四　酒店营销管理

模块六　酒店物资设备管理

模块七 酒店质量管理

模块八 酒店信息管理

模块九 酒店安全管理

酒店管理
实务

模块一

酒店经营管理模式

模块说明

　　本模块中,学生将学习酒店经营管理的模式,共有两个任务,即确立酒店经营理念、酒店管理模式及创新。

　　本模块要实现的能力目标:

　　1. 能确立酒店经营理念。

　　2. 能宣传实施酒店经营理念。

　　3. 能选择合适的酒店管理模式。

　　4. 具备酒店管理模式创新意识。

教学建议

　　1. 设定情景,进行角色扮演。教师为某酒店董事长或总经理,学生为该酒店中层管理人员。

　　2. 课前分配任务,小组准备并完成任务,课堂汇报,教师点评,学生互评。

　　3. 教师解析下一任务内容,核心技能与概念,布置新任务。

任务 **1**

确立酒店经营理念

确立酒店经营理念

任务目标

1. 能确立酒店经营理念
2. 能有效宣传酒店的经营理念
3. 能实施酒店的经营理念

知识准备

1. 酒店的概念及功能
2. 了解酒店的分类和等级标准
3. 掌握酒店"CI"、"CS"、"CL"、"ES"等经营理念

▶▶ 任务实施

酒店经营理念流程如图 1-1 所示。

图 1-1　酒店经营理念流程

1.1　正确认识酒店经营理念

酒店经营理念的认识包括以下方面。

(1) 酒店组织环境的基本认识,包括对社会及其结构、市场、顾客及科技发展情况的预见等。

(2) 酒店组织特殊使命的基本认识。例如,清楚把握酒店经营方向,确认到底要成为怎样的酒店等。

(3) 仔细了解并分析经营理念构成要素,如酒店使命、经营理念、行为准则、酒店文化、视觉系统、经营方针等内容。

（4）完成酒店使命核心竞争力的基本认识。

1.2   确立有效的酒店经营理念

有效的酒店经营理念包括下列内容。

（1）分析时代潮流的趋势。

（2）了解社会。要知晓公众、顾客、传播界、供应商对于自己酒店的认识、评估、期待。

（3）了解酒店内部对于酒店的要求、期望，即意识渗透。

（4）彻底了解酒店的长处、短处、弱点、需要加强的地方，并引进酒店缺乏的资源。

（5）整理、归纳、决定。应确立合乎于酒店企业发展的经营理念，制订合乎时代潮流的经营战略，不断提升酒店良好形象并将理念共有化。

1.3   提炼酒店企业理念

提炼酒店企业理念，以求达到所制订的目标。

（1）酒店企业理念应个性化，以便于消费者识别和记忆，能在同业中拥有特色。

（2）酒店企业理念的提炼必须同公众和消费者的价值观、道德观和审美观等因素相吻合，以得到社会公众认同，获取较高的知名度和美誉度。

（3）酒店企业理念当"以人为本"，激发酒店员工的使命感、积极性和创造性，让所有企业员工得到尊重和信任，为酒店创造良好的氛围和环境。

（4）酒店企业理念还应市场化。

1.4   有效宣传新理念

酒店企业理念的宣传可分为内部传播和个性化、识别化传播两种途径。

1. 内部传播

让全体员工理解酒店企业理念。

（1）组织全体员工学习企业理念，广泛进行普及宣传。

（2）开展以企业理念为内容的知识竞赛活动，可使员工深刻领悟企业理念的内涵与精神核心，员工参与度越深，理念认知度越高，企业凝聚力也越强。

2. 个性化、识别化传播

（1）酒店可利用系列视觉要素将抽象理论表达出来，使酒店理念更为个性化、表现化、传播化，便于消费者识别和记忆。

（2）酒店通过大众传媒或广告等形式进行宣传，用形象生动的画面来吸引大众广为传播，以扩大酒店的影响力，产生社会效益。

（3）利用各种宣传工具和时机。酒店可以通过会议、活动、报刊、网络等各种载体，大力传播反映酒店理念的典型人物故事和事件。

阅读讨论

喜来登十诫

第一诚是管理人员不要滥用权势和要求特殊待遇。

第二诫是不要收取那些讨好你的人的礼物,收到的礼物必须送交一位专门负责礼品的副经理,由饭店定期组织拍卖这些礼物,所得的收益归职工福利基金。

第三诫是不要叫你的经理插手装修喜来登饭店的事,一切要听从专业的装潢师玛丽·肯尼迪。这一约束在于强调专家管理。

第四诫是不能违背已经确认的客房预订。

第五诫是管理者在没有完全弄清楚确切目的之前,不要向下属下达指令。

第六诫是一些适用于经营小旅店的管理方式可能正好是经营大饭店的忌讳。

第七诫是为做成交易,不能要人家的最后一滴血。

第八诫是放凉的茶不能上餐桌,要遵循服务的质量要求。

第九诫是决策要靠事实、计算与知识,不能只靠感觉。

第十诫是当你的下属出现差错时,你不要像爆竹那样,一点就火冒三丈。

你是如何看待喜来登的成功经验?

1.5　确保经营理念反映在具体的规划和实施中

管理者要对经营理念严格执行,人员考评和奖励制度要反映理念的要求,要及时修正酒店经营理念。

酒店经营理念必须经常在接受检验中进行修改,因为经营理念不是永久不变的,一定要随着外部和内部的环境的变化而变化。

◇◆　知识链接1-1　◆◇

2009 年全国星级饭店的规模和经营情况

截至 2009 年末,全国共有星级饭店 14 237 家(见表 1-1),比上年末增加 138 家,增长 1.0%;拥有客房 167.35 万间,比上年末增加 8.21 万间,增长 5.2%;拥有床位 306.47 万张,比上年末增加 12.99 万张,增长 4.4%;共拥有固定资产原值 4 442.98 亿元,比上年末增加 89.73 亿元,增长 2.1%;全年平均客房出租率为 57.88%,比上年末下降 0.42 个百分点;营业收入总额为 1 818.18 亿元,比上年末增加 56.17 亿元,增长 3.2%;上缴营业税 122.16 亿元,比上年末增加 3.82 亿元,增长 3.2%。

全国有 5 318 家国有星级饭店,2009 年实现营业收入 649.35 亿元;上缴营业税 40.05 亿元。外商和港澳台投资兴建的有 574 家星级饭店,2009 年共实现营业收入 236.83 亿元;上缴营业税 15.50 亿元。在 14 237 家星级饭店中五星级饭店 506 家,比上年末增加 74 家;四星级饭店 1 984 家,增加 163 家;三星级饭店 5 917 家,增加 205 家;二星级饭店 5 375 家,减少 241 家;一星级饭店 455 家,减少 63 家。

表 1-1　2009 年全国星级饭店规模及其经营情况

	饭店数/家	房间数/万间	床位数/万张	客房出租率/%	营业收入/亿元	营业税金/亿元	固定资产/亿元
合　　计	14 237	167.35	306.47	57.88	1 818.18	122.16	4 442.98
按经济类型划分							
国有企业	5 318	63.57	120.94	59.13	649.35	40.05	1 690.20

续表

	饭店数/家	房间数/万间	床位数/万张	客房出租率/%	营业收入/亿元	营业税金/亿元	固定资产/亿元
集体企业	850	8.09	15.72	57.01	72.55	4.57	166.35
股份合作企业	357	3.95	7.27	61.18	38.51	2.36	84.91
联营企业	66	1.06	1.83	55.25	10.47	1.01	29.77
有限责任公司	3 135	40.36	69.60	58.40	461.02	34.66	993.41
股份有限公司	725	9.81	19.13	60.46	113.15	8.33	275.00
私营经济	2 922	24.51	45.27	59.26	207.67	13.93	345.73
其他企业	290	3.03	5.97	56.67	28.63	1.74	83.69
港澳台投资经济	345	7.87	12.68	47.40	131.73	9.01	453.19
外商投资经济	229	5.10	8.06	58.61	105.10	6.49	320.73
按规模划分							
客房数 500 间以上	145	10.55	16.89	47.42	179.67	14.97	501.31
客房数 300～499 间	612	22.48	37.85	56.60	360.84	23.46	1 095.71
客房数 200～299 间	1 216	29.17	51.53	59.53	371.91	24.33	1 070.62
客房数 100～199 间	4 348	59.56	110.64	59.70	551.94	36.65	1 152.86
客房数 99 间以下	7 916	45.58	89.56	58.85	353.83	22.74	622.47
按星级划分							
五星级	506	18.11	30.12	51.06	431.74	31.27	1 392.14
四星级	1 984	39.70	68.67	59.68	582.67	38.24	1 422.47
三星级	5 917	68.93	127.57	59.40	585.73	39.24	1 234.90
二星级	5 375	38.40	75.51	58.23	210.14	12.78	378.82
一星级	455	2.21	4.59	51.23	7.90	0.63	14.65

资料来源:2009 年中国旅游业统计公报,国家旅游局 http://www.cnta.gov.cn/html/2010-10/2010-10-20-10-43-69972.html

◈◈ 知识链接1-2 ◈◈

　　世界知名酒店都有其独特的经营理念。如希尔顿的勤奋、自信、微笑"三件宝";四季成功的"经营理念"、"我们最大的财富和赖以成功的决定因素就是我们公司的全体员工";马里奥特的"以人为本"哲学;假日的二十条"经营格言";里兹·卡尔顿的"黄金标准";香格里拉的"殷勤好客亚洲情"。锦江的理念则是"无论是作为个人还是置身于团队,锦江人必须精诚合作为顾客提供满意的服务"。

　　这些酒店之所以成功,与其经营理念有很大关系。酒店管理者及员工对酒店物质运动的认识以及在认识过程中思维所产生的相对稳定的结果称为观念。酒店业务的正常运转、管理和服务质量水平的保证、社会效益和经济效益的提高,固然是酒店管理人员管理行为和服务员作业行为的结果,而他们的行为则是受一定的意识支配的。酒店要发展,观念必须先行,要有符合它所针对的目标市场和酒店文化的经营和管理思路,出众的服务水准首先是与其先进的服务理念体系密不可分的,成功的酒店必然有一个好的经营理念。

关键点控制

关键点控制表见表 1-2。

表 1-2　关键点控制表

关键点控制	细化执行
1. 正确认识酒店经营理念	经营理念构成
1.1　对酒店组织环境的基本认识	社会及其结构、市场、顾客及科技情况的预见
1.2　对酒店组织特殊使命的基本认识	酒店经营方向
1.3　对完成酒店使命的核心竞争力的基本认识	酒店使命、经营理念、行为准则、酒店文化、视觉系统、经营方针
2. 确立有效的酒店经营理念	整理、归纳、决定经营理念
3. 提炼酒店企业理念	酒店理念
4. 有效宣传新理念	酒店理念宣传
4.1　内部传播	让全体员工深刻理解经营理念
4.2　个性化、识别化传播	通过大众传媒或广告,利用各种宣传工具和时机传播
5. 确保经营理念反映在具体的规划和实施中	执行并修正

阅读材料1-1

2010 年中国星级饭店经营现状简析

根据国家旅游局监督管理司的最新数据,2009 年我国星级饭店客户出租率如下:一星级饭店为 49.6%,同比下降 1%;二星级饭店为 62.62%,下降 0.61%;三星级饭店为 63.13%,增长 0.57%;四星级饭店为 62.01%,增长 1.92%;五星级饭店为 56.31%,下降 4.26%。

从平均房价看,一星级饭店为 110.78 元,同比下降 1.95%;二星级饭店为 138.74 元,增长 0.08%;三星级饭店为 202.39 元,下降 4.35%;四星级饭店为 350.33 元,下降 2.83%;五星级饭店为 622.80 元,下降 10.08%。

从客房出租率看,2009 年东部地区星级饭店为 58.70%,同比下降 2.99%;中部地区星级饭店为 59.99%,增长 0.21%;西部地区星级饭店为 65.17%,增长 3.76%。从平均房价看,东部地区星级饭店为 342.21 元,同比下降 9.16%;中部地区星级饭店为 236.20 元,下降 0.04%;西部地区星级饭店为 242.61 元,增长 7.81%。

2009 年我国五星级酒店经营有所下滑,其他星级酒店经营较为稳定。从全年看,一星级饭店 49.6% 和五星级饭店 56.31% 的客房出租率明显低于其他星级 62%~63% 的出租率,而且五星级饭店客房出租率和平均房价的降幅明显,分别达 4.26% 和 10.08%。

未来星级酒店竞争将转向创新型的个性化服务。从整体上说,目前我国酒店业是供大于求,进入了买方市场。同时由于大部分酒店提供的是简单重复的产品、重复的服务,采取的是同样的竞争战略、同样的营销模式,使得这种供需矛盾显得更加突出。解决问题的根本出路在于创新,创新将为酒店竞争展示一片新的天地。

创新不仅要创出特色,把创新渗透到酒店的各个部门和各个环节,全方位实施组织创新、制度创新、管理创新、技术创新等,为酒店打造核心竞争力。酒店创新也要适应消费者需求的新变化,比如为商务客人提供网络技术支持和保密的商务环境;为度假旅游者营造休闲放松的氛围;为背包旅游者提供简单、自由的休息场所等。消费者需求的变化让酒店产品的生命周期越来越短,所以能否持续不断地创新,用新产品给消费者带来惊喜,是酒店未来生存和发展的基础。

资料来源:迈点网.http://res.meadin.com

阅读材料1-2

特殊的酒店

中国香港有一家名叫 Hcadland(四星标准)的酒店属国泰航空拥有,由新世界酒店集团管理。酒店拥有 501 间客房,地下层放满了滑水板、爬山车和独木舟,房间家具简单,但都是套间。所有房间都配有小冰箱、烫衣板、电话、上网接口、多种语言留言信箱、电吹风、电咖啡壶、带有放碟片的电视机。酒店专门接待国泰航空公司、港龙航空公司、香港航空公司来往机组人员,这些航空机组人员长期定期地往返于故乡国和中国香港之间,而又是把中国香港作为他们的休假地。

酒店出租率常年在 90% 以上,经营管理者根本不用担心市场和销售。但他们的挑战是如何服务好这些固定的、有特殊要求的常客。难题有几个以下方面。

(1) 随时离店的客房要及时清理,以迎接随时入住的顾客。虽然航班都有时刻表,但各个航班误点还是常有的事,这使得酒店不得不安排员工 24 小时清理房间。

(2) 安排房间的技术性。尽量把同一航班的顾客安排在同一楼面,使不同航班的顾客互不干扰。客房前的走道不能有声音,客房的墙都采用隔音装置。清洁工作都得抢在每层楼面顾客抵达前做好,做到洗尘一律用手工,而不用机器。由于这些特殊顾客到酒店的首选是越快入睡越好,所以酒店的规定是帮助顾客入住,不能超过 5 分钟。

(3) 高出租率给维修保养也带来了困难。酒店在时间和人员的安排上,几乎采用了运筹法,任何维修工作都得见缝插针。

(4) 根据国泰的规定,酒店在相对空闲的时候,还得接待那些长期居住在中国香港的航空公司员工和他们的家属,让他们享用餐饮设施和康健设施。

资料来源:同程网.http://www.17u.com/news/shownews_273804_o_n.html

实 战 训 练

1. 调研了解当地知名酒店的经营理念,并做出调研报告。
2. 尝试为一家新开张的四星级酒店确定经营理念。

学 习 测 评

学习评价表见表 1-3。

表 1-3　学习评价表

姓名		学号		班级	
任务		日期		地点	

任务开始时间：　　年　　月　　日		任务完成时间：　　年　　月　　日			
检测内容		系数	分值	得分	
1. 正确认识酒店经营理念		1.0	10		
2. 确立有效的酒店经营理念		1.5	15		
3. 提炼酒店企业理念		1.5	15		
4. 内部传播理念		1.3	13		
5. 个性化，识别化传播理念		2.2	22		
6. 具体的规划和实施中反映经营理念		1.5	15		
7. 修正经营理念		1.0	10		
合计		10	100		

认为做得好的地方：

认为最不满意的地方：

值得改进的地方：

自我评价：	非常满意	
	满意	
	不太满意	
	不满意	

互评：

师评：

第三方评价：

任务 **2**

酒店管理模式及创新

任务目标

1. 选择合适的酒店管理模式
2. 优化酒店管理模式
3. 具有酒店管理模式创新意识

知识准备

1. 了解酒店管理模式
2. 酒店管理创新的原则

▶ 任务实施

酒店管理模式及创新流程如图 2-1 所示。

图 2-1　酒店管理模式及创新流程

2.1　调研酒店发展趋势

运用科学的调查方法,搜集、整理、分析酒店发展资料,对酒店发展状况进行反映或描述,认清酒店市场发展变化趋势规律。具体环节包括:

(1) 制订调研问卷;

(2) 组织实施调研;

(3) 分析调研报告。

2.2　设定酒店管理目标

设定酒店管理目标的环节包括:

(1) 选择酒店管理目标;

（2）正确理解酒店管理的整体目标；

（3）设定酒店管理的具体目标。

根据酒店的整体目标，分解目标，列出可能遇到的问题或阻碍，找出相应的解决办法。

2.3 选择酒店管理模式

选择酒店管理模式的步骤如下。

（1）比较酒店各种管理模式的优劣势。酒店管理模式主要包括亲情化管理模式、友情化管理模式、温情化管理模式、随机化管理模式、制度化管理模式，比较各种管理模式的优劣。

（2）建立现代酒店管理模式的新理念。引进酒店管理新模式，建立酒店管理新理念。

（3）选择合适酒店的管理模式。根据酒店的自身资源状况、内外环境等因素，确定或选择符合酒店发展的管理模式。

（4）及时更新酒店管理模式。

2.4 酒店管理创新

（1）建立酒店管理创新路径。酒店创新路径包括创新组织、创新规划、创新领导、创新管理思想、创新制度、创新技术方法。如喜达屋酒店及度假酒店作为整个服务业界的先行者。在技术创新方面，智能客房、无线上网、自助登记入住直通亭、顶级 ERP 系统，为提高旅客和员工的体验，采用了大量的新技术。

（2）创新酒店管理。建立和完善基础管理工作、加强资源管理的同时，不断采用适应市场需求的新的管理方式和方法，以人为本，有效地运用酒店资源，形成完善的动力机制、激励机制和制约机制。酒店管理创新包括理念创新、体制创新、文化创新、经营创新、服务创新、产品创新等。

（3）争取内部和外部的认可。酒店在创新管理过程中，必须要创造一个良好的环境，有利于开展创新。

（4）提升酒店管理创新能力。

阅读讨论

希尔顿饭店的成功得益于其全面创新的管理模式，具体体现为细分目标市场，提供多样化的产品；高标准的服务质量监控；严格控制成本费用；以人为本的员工管理战略；积极全面地开展市场营销活动并利用新技术。

7天连锁酒店推出 SNS 社区首创中国酒店业运营新模式，7天连锁酒店宣布在其官网上推出试用版"快乐七天"SNS 社区，这是国内酒店业首次在官网上捆绑 SNS，主要利用虚拟游戏吸引更多的会员。专家认为，7天酒店捆绑 SNS 社区主动打开了消费者与企业信息沟通的道路，而不是让这种消费者的"自发＋能动"行为继续默默无闻地蜷缩在信箱、传达室、意见簿、E-mail 和 BBS 留言中呼呼大睡，发挥并放大这种信息的功用，才是7天酒店设置 SNS 的初衷。

希尔顿饭店和7天连锁酒店的经验反映了什么样的经营理念，你怎么看待？

◈ 知识链接2-1 ◈

饭店需要综合效力的节能举措（节选）

当前节能降耗是我国的重要工作任务之一，建造饭店涉及各类能源的使用与消耗，因此饭店管理者和设计者在建造时，需要由源头考虑各种节能降耗措施和技术手段，才能取得事半功倍的效果。

其一，在规划建造一座饭店时，需要进行良性的综合策划。这就需要有饭店管理经验的专家和设计的专家，考虑今后综合运营的实际情况，对饭店的建造给予切合实际、观瞻未来的可行性策划。我们需要考虑饭店的规模、朝向、建筑形状、交通状况、合理的面积分区、科学的流线规划以及设备机房的布局等，这些要素都对今后饭店的运营管理，设备、设施的节能管理起到至关重要的基础作用。如果实际经营区域不能在饭店功能区域占有比较合理的比例面积，非经营空间比较大，就会将照明用电和空调用能白白消耗掉。我们对饭店内部的交通路线、物品的运送流线的设计与布置也关系到今后电梯、空调、照明的能耗，乃至人工成本与人工时间的消耗。

其二，饭店的建造应紧扣我国星级评定标准的各项条款，不能盲目贪图大空间、大房间。星级评定标准规定：四星级饭店中70%客房的面积（不含卫生间）不小于20平方米，五星级饭店中70%客房的面积（不含卫生间和门廊）不小于20平方米。而目前有的高星级饭店单间客房的总面积超过了50平方米，甚至60平方米，使得房间建造费用加大，同时也加重了饭店照明、空调的能源消耗和运行费用。其实，饭店客房为客人准备的最主要功能也就是床、卫生间以及商务办公桌等，过大的空间和面积，实际意义并不大。

其三，设备系统的选定需要既切合实际，又有一定的长远眼光。如配电的设计，在技术设计采取一备一用的情况下，可能我们不需要配置更多台变压器，变压器台数过多，将造成今后变压器空载的用电消耗，造成空调降温的消耗，加大配电室的建造面积，加大配套设备的投入费用等。我们在各类设备及系统的策划与设计中，需要谨慎考虑，特别是对供电、空调、给排水、锅炉、电梯、洗衣、厨房等部位的设备，应科学设计，合理规划，切合实际选购。如客用电梯、员工电梯数量过多会加大日常用电消耗量，过多的客用浴室淋浴喷头或员工浴室喷头会加大用水量的消耗等。因此，应在保证实际使用需要的情况下，充分考虑今后的设备能源运行成本，发挥设备的综合效能。

其四，饭店业主方、管理者和设计者应特别关注将新技术引入饭店建筑和设备系统，不断增强节能技术在饭店建筑中的大力推广与应用。饭店在追求建筑外形的情况下，要注意采用良好的外墙和屋面保温材料，利用中空玻璃保持室温；在设计追求华丽厅堂时，照明应注重采用调光装置、绿色照明光源，空调设备系统采用楼宇智能控制装置等；在考虑完善配套设施时，应注重中水系统的建造，注重设备用水的循环再利用，注意冷凝水或雨水的回收利用等。

其五，紧跟科技发展是饭店管理和设备系统设计的重要环节。现今科技发展，已经将各类计算机、光纤、网络连接在一起。在现代化饭店中，独立工作而没有网络支持的计算机已经基本没有了，如果我们的技术人员达到掌控、维护该系统，且具备应用与维护能力时，应考虑弱电设备的系统综合（在不考虑楼宇控制的前提下），将涉及计算机、网络在饭店中的主要系统设计、合并在一起，由 IT 技术人员综合管理饭店前台系统、电子门锁系统、网络系统、办公系统、电话通信设备系统、电视系统以及音像系统等，集合 IT 技术的利用,减少机房和布线的过多浪费,避免设备的多重安装,集中使用机房空调、照明等,将信息流线在饭店内合理规划。

资料来源:区沛兴.饭店需要综合效力的节能举措——从新建改造饭店项目谈起[M].中国旅游报,2010-04-15

关键点控制

关键点控制表见表 2-1。

表 2-1　关键点控制表

关键点控制	细化执行
1. 调研酒店发展趋势	问卷调研
2. 设定酒店管理目标	酒店管理目标
3. 选择酒店管理模式	酒店管理模式
3.1　比较酒店各种管理模式	模式选择
3.2　建立现代酒店管理模式的新理念	新理念
3.3　酒店选择合适的管理模式	管理模式
3.4　及时更新酒店管理模式	更新模式
4. 酒店管理创新	管理创新
4.1　建立酒店管理创新路径	创新路径
4.2　酒店管理创新	创新管理
4.3　提升酒店管理创新能力	创新能力

阅读材料2-1

根据世界酒店业刊物《Hotels》公布的 2010 年全球饭店集团规模前 20 排名(见表 2-2),位于前 10 名的饭店集团拥有饭店总数达到了 35 165 家,客房总数为 4 300 812 间,平均每家饭店集团拥有客房 430 081 间。位于首位的洲际酒店集团拥有的饭店数量和客房数量分别是 4 438 家和 646 679 间,其客房数量是我国最具规模的 24 家饭店集团客房总量的近两倍。由此可见,虽然三十年多来,我国本土饭店集团规模扩张迅速,但在规模存量上与国际饭店集团相比还有巨大差距。

表 2-2　2010 年度全球酒店 20 强排名(近三年前 20 强名单)

排名(年)			公司集团总部	客房数(年)			酒店数(年)		
2009	2008	2007		2007	2008	2009	2007	2008	2009
1	1	1	Inter Continental Hotels Group PLC,Windsor,England 洲际酒店集团	585 094	619 851	646 679	3 949	4 186	4 438
2	2	2	Wyndham Hotel Group,Parsippany,New Jersey 温德姆酒店集团	550 576	592 880	597 674	6 544	7 043	7 114
3	3	3	Marriott International Inc.,Bethesda,Maryland 万豪国际集团	537 249	560 681	595 461	2 999	3 178	3 420
4	4	4	Hilton Worldwide,McLean,Virginia 希尔顿酒店集团	502 116	545 725	585 060	3 000	3 265	3 530

续表

排名（年）			公司集团总部	客房数（年）			酒店数（年）		
2009	2008	2007		2007	2008	2009	2007	2008	2009
5	5	5	Accor Hospitality, Paris, France 雅高集团	461 698	478 975	499 456	3 871	3 982	4 120
6	6	6	Choice Hotels International Inc., Silver Spring, Maryland 精品国际饭店公司	452 027	472 526	487 410	5 570	5 827	6 021
7	7	7	Best Western International, Phoenix, Arizona 最佳西方国际集团	308 636	305 000	308 477	4 035	4 000	4 048
8	8	8	Starwood Hotels & Resorts Worldwide Inc., White Plains, New York 喜达屋全球酒店与度假村集团	274 535	248 000	298 522	897	942	992
9	9	9	Carlson Hotels Worldwide, Minneapolis, Minnesota 卡尔森环球酒店集团	146 600	151 077	159 756	969	1 013	1 058
10	10	10	Hyatt Hotels Corp., Chicago, Illinois 全球凯悦公司	135 001	114 332	122 317	721	375	424
11	11	11	Westmont Hospitality Group, Houston, Texas 维斯盟特饭店集团	108 503	106 097	113 771	703	689	803
12	19	19	Groupe du Louvre, Paris, France 卢浮宫集团	60 807	61 077	91 409	848	856	1 097
13	13	17	Jin Jiang International Hotels, Shanghai, China 锦江国际酒店集团	68 797	80 164	89 251	380	465	546
14	12	13	TUI AG, Hannover, Germany 国际旅游联盟股份公司/国际旅游联盟酒店与度假村集团	83 192	83 728	83 728	288	297	297
15	15	18	The Rezidor Hotel Group, Brussels, Belgium 雷兹多酒店集团	67 000	76 779	83 200	329	361	389
16	18	16	LQ Management LLC, Irving, Texas LQ 管理公司（前身为拉·昆塔公司）	69 089	75 832	78 945	633	721	766
17	17	15	Sol Meliá SA, Palma de Mallorca, Spain 索尔·梅丽亚集团	75 022	76 335	76 887	301	304	305
18	16	14	Extended Stay Hotels, Spartanburg, South Carolina 公寓式酒店集团	76 384	76 384	76 384	686	686	686
19	21	—	Home Inns & Hotels Management, Shanghai, China 如家酒店集团	—	55 578	71 671	—	471	616
20	20	20	Vantage Hospitality Group, Coral Springs, Florida Vantage 饭店集团	55 167	60 354	65 232	798	845	906

资料来源：根据《Hotels》相关数据整理，http://www.hotelsmag.com

实 战 训 练

1. 调研当地酒店发展趋势,为当地一家三星级酒店选择合适的管理模式。
2. 为该酒店设计一份创新管理方案。

学 习 测 评

学习评价表见表2-3。

表2-3 学习评价表

姓名		学号		班级	
任务		日期		地点	
任务开始时间:		年 月 日	任务完成时间:	年 月 日	
检测内容			系数	分值	得分
1. 分析酒店发展趋势			1.5	15	
2. 设定酒店管理目标			1.5	15	
3. 建立现代酒店管理模式的新理念			1.5	15	
4. 酒店选择合适的管理模式			1.8	18	
5. 建立酒店管理创新路径			2.2	22	
6. 酒店管理创新			1.5	15	
合计			10	100	
认为做得好的地方:					
认为最不满意的地方:					
值得改进的地方:					
自我评价:			非常满意		
			满意		
			不太满意		
			不满意		
互评:					
师评:					
第三方评价:					

拓 展 提 升

请阅读以下资料。

1. 迈点网,http://res.meadin.com
2. 魏小安.现代酒店经营与管理[M].北京:北京大学音像出版社,2006
3. 李翔迅.酒店经营与管理[M].北京:对外经济贸易大学出版社,2009
4. 郑向敏.酒店管理[M].北京:清华大学出版社,2010

酒店管理
实务

模块二

酒店战略管理

模块说明

　　本模块中,学生将学习酒店战略管理,共有四个任务,即酒店战略制订、酒店企业战略实施、酒店企业战略控制、酒店企业文化建设。

　　本模块要实现的能力目标:

　　1. 能了解酒店发展和成长的相关战略管理理论。

　　2. 能进行酒店战略的分析与选择。

　　3. 能清楚酒店战略实施中的关键问题。

　　4. 能进行酒店战略评价。

教学建议

　　1. 设定情景,进行角色扮演:教师为某酒店总经理或董事长,学生为该酒店中高层管理者或基层工作人员。

　　2. 课前分配任务,小组准备并完成任务,课堂汇报,教师点评,学生互评。

　　3. 教师解析下一任务内容,核心技能与概念,布置新任务。

酒店战略制订

1. 确定酒店的愿景和使命
2. 确定酒店的战略目标
3. 分析酒店的内外环境

知识准备

1. 掌握战略分析的基本方法
2. 了解酒店战略管理的基础理论

▶▶ 任务实施

酒店战略制订流程如图 3-1 所示。

图 3-1 酒店战略制订流程

3.1 设计酒店愿景

酒店愿景设计可分为以下三个步骤。

（1）酒店高层管理者根据董事会或者业主的要求提出酒店的核心理念和对未来的憧憬、希望达到的状态，并提出酒店的发展方向。

（2）酒店高层管理者将这种理念和发展方向通过简短、易懂的语言表达出来就是酒店的愿景。

（3）酒店高层管理者将此愿景交由管理公司或者董事会审核，如果审核通过，则可以作为酒店愿景和中层管理者进行沟通；如果审核没有通过，则应作进一步调整或改进。

3.2　确定酒店战略思想

酒店战略思想的确定从以下三个方面着手。

（1）酒店高层管理者根据酒店愿景和管理公司或董事会的指导思想，确定酒店发展的核心理念，即酒店发展的基础价值观、企业内共同认可的行为准则和企业共同的信仰等内在的管理哲学。

（2）酒店管理者将这种管理哲学通过语言文字表述出来即是酒店的战略思想。

（3）酒店管理者将这种战略思想在酒店高层会议上讨论，经过高层管理者各方的参与，大家努力修正，形成最终的战略思想，并向下面各部门分发，要求按照此战略思想执行。

3.3　确定酒店宗旨和使命

酒店宗旨和使命的确定可按以下步骤执行。

（1）酒店高层管理者将表 3-1 分发给酒店董事会成员、酒店管理公司、酒店高层管理者、酒店中层管理者，让他们根据表格内容进行填写。

表 3-1　企业使命陈述的组成部分

使命陈述组成部分	如需要打"√"
我们想要成为：	
——市场的领导者	
——对社会负责的制造商	
——绿色的、环保的公司	
——人道的老板	
——股东利益的捍卫者	
——致力于改善这个星球上的生活	
——良好的企业公民	
——消费者驱动的公司	
——对经销商负责的合作伙伴	
——人格尊严的打造者	
——具有做大的想象力	
——尊重大自然和生命	

资料来源：Nigel，F. Piercy. 市场导向的战略转变[M]. 吴晓明等译．北京：清华大学出版社，2005：305.

（2）酒店总经理办公室人员回收此表格，并进行统计。

（3）酒店总经理办公室根据统计结果，撰写一份具体材料交由总经理审核。

（4）酒店总经理根据办公室提供的材料，和酒店高层其他管理人员一同商讨，制订酒店的最终性质和发展方向，明确酒店将成为一个怎样的企业、酒店的客户由哪些构成、酒店最主要经营什么等内容。

3.4 确定酒店战略目标

从以下几个方面来确定酒店战略目标。

（1）酒店最高领导层宣布企业使命，明确战略目标的制订过程。

（2）酒店高层领导根据企业使命，确定酒店达到企业使命的长期目标。具体来说可以采用时间序列法、博弈论法、模拟模型法和盈亏分析法等方法，分析确定酒店的长期目标。

（3）酒店高层管理者召开会议，通过会议商讨，将长期战略目标分解建立企业短期执行性战术目标。

（4）酒店的不同战略业务单位、事业部或经营单位根据酒店的长期目标和短期目标，建立自己的长期和短期目标，酒店高层管理者要求各职能部门制订自己长期和短期目标。具体可以采用相关分析法和盈亏分析法来制订。

（5）各职能部门的战略目标上报酒店高层领导，高层管理者经过审核和讨论，如果通过，各职能部门照章执行；如果没有通过，酒店高层会提出具体的修改意见，各职能部门再进行修改完善。

3.5 分析酒店内外环境

酒店环境分析可从以下几点着手。

（1）酒店总经理下发酒店内外环境分析任务。

（2）酒店总经理办公室分析酒店所面临的政治、经济、科技和社会文化等宏观环境；产业环境即酒店行业性质分析、行业演化和市场状况；内部环境即酒店内部资源、战略能力、核心能力等。具体可以采用 SWOT 分析方法和 IEF 矩阵法。如表 3-2 所示，分析酒店发展内部因素。

表 3-2　酒店发展内部因素分析矩阵

关键内部因素	权　重	评　分	加权分数
优势			
1. 高层管理稳定	0.05	4	0.2
2. 地理位置	0.1	4	0.4
3. 综合实力	0.1	3	0.3
4. 品牌效应	0.05	3	0.15
5. 服务模式	0.075	4	0.3
6. 技术先进	0.05	4	0.2
劣势			
1. 内部沟通不畅	0.025	2	0.05
2. 人力资源紧张	0.075	1	0.075
3. 缺乏稳固的客源	0.15	1	0.15
4. 宣传力度不够	0.15	2	0.3
5. 基层管理者素质不高	0.075	1	0.075
6. 资源浪费严重	0.1	1	0.1
	1		2.3

（3）酒店市场营销部门分析酒店的竞争环境,即酒店所面临的潜在进入威胁、替代品威胁、行业内竞争、酒店供应商和顾客的讨价还价能力等。具体可以采用 SWOT 分析方法和 IEF 矩阵法进行分析。

（4）两个部门通过调查分析,将分析结果以书面形式报给酒店总经理,酒店总经理将此报告在高层会议上进行商讨。

阅读讨论

《2009 年中国饭店业务统计(2008 财政年度)》数据显示,由于一系列事件的影响,2008 年,中国酒店业的形势比较严峻。所有酒店在 2008 年都遭遇了不同程度的住宿率下滑。按星级分类的五星级酒店组群的住宿率低于 60%,按主要市场分类的西部地区的酒店组群甚至低于 50%。我国酒店市场的经营毛利(GOP)跌到了 2003 年"非典"以来的最低水平。五星级酒店的每间客房平均经营毛利水平,已连续 3 年呈现下滑趋势,2006 年和 2007 年分别下滑了 3%,2008 年下滑幅度则高达 15%,这导致每间客房平摊经营毛利从 2005 年的 15 万元降至 2008 年的 12 万元。

2008 年国内外发生了哪些一系列突发事件和不利因素,为什么会带来这么大的影响。

3.6　确定酒店战略

（1）酒店相关管理和决策部门提出酒店发展可供选择的战略,如一体化战略、多元化战略、集团化发展战略、品牌经营战略等。具体提供怎样的战略可以根据图 2-1 的 SWOT 分析模型来提出相应的发展战略。

（2）针对上述部门提出的发展战略,酒店高层进行分析评价。

（3）根据分析评价确定酒店发展战略,根据发展战略再确定具体的竞争战略和各职能部门的战略。

阅读材料3-1

战略管理使"开元旅业集团"业绩卓著

开元旅业集团总部位于杭州市萧山区,是一家以酒店业为主导产业,房地产业为支柱产业,建材业和其他相关产业为新兴产业,声誉卓著、实力雄厚的大型企业集团,总资产 100 多亿元,为中国民营企业 500 强、中国饭店业集团 20 强、中国房地产品牌企业 50 强之一。

公司的愿景是"营造中国品质,创造快乐生活"、"开元是一个富有民族责任感的企业;开元是一个注重品位与质量的企业;开元是一个致力于创造幸福的企业"。

公司的使命是"成为出类拔萃、永续经营的大公司,为每一个员工提供高尚事业的舞台和体面生活的保障"、"我们致力于把企业做大做强,取之社会、回报社会,最终实现企业与员工、企业与社会的共赢"。

开元旅业集团发展的基本战略是成为有国际影响力的酒店及复合地产投资与运营集

团；拥有国际前列，业内领先的规模和知名度；从事酒店、住宅、商业、写字楼等领域的泛地产事业；涉及酒店与房地产的投资与运营。

酒店产业发展战略（2011—2015）

1. 战略远景

成为国内一流的综合型连锁酒店集团。在规模上，成为本土最大的酒店集团之一；在布局上，完成对重要经济集聚区的布点，形成合理的酒店经营网络；在质量和品牌上，成为客户认可的专业化本土酒店服务顶级提供商。同时从多个维度渗透到各个细分市场，不仅多样而且互补。继续发展高星级酒店，扩大高端酒店市场优势；建立中档商务酒店发展模式，快速做大中档商务酒店规模；基于客户细分特征，树立差异化市场品牌；重点发展商务会议型酒店、度假型酒店和主题酒店。酒店管理与酒店资产经营并重。

2. 五年总体发展目标

经营目标：未来五年实现高于行业平均增速的发展速度，其中营业收入保持年均20%的复合增长速度，至2015年实现年营业收入32.8亿元，净利润3.05亿元。

规模目标：未来五年围绕高星级酒店和中档商务酒店发展，至2015年，拥有63家及以上的高星级酒店，客房数量超过20 000间，拥有60家及以上的商务酒店，客房数量超过9 600间。保持国内酒店集团前10强，进入世界前50强。

发展目标：未来五年新增开业高星级酒店35家，新增中档商务酒店58家。

薪酬目标：建立行业中档偏上的薪酬水平，个人薪酬福利增长应与同期物价上升水平同步或稍高，争取员工收入实现年平均6%以上的增长。

资料来源：开元旅业集团官方网站．www.kaiyuangroup.com

阅读材料3-2

竞争战略：金陵饭店集团的"软实力扩张"（节选）

金陵饭店集团拥有南京市资格最老、业务量最大、利润最高的五星级饭店——金陵饭店，同时涉及房地产、商业等领域。它没有像其他企业一样采购成熟的商品化软件，而是自己参与开发。从早几年采用西湖软件公司的前台管理软件，到前年采用金蝶的ERP后台管理软件——EAS，都一再强调二次开发。在金陵饭店人眼中，管理软件永远是一个有待修改的"半成品"，推动金陵饭店集团不吝气力投入二次开发的动力有两个：一是个性化管理，二是"管理输出"。

如今的金陵酒店管理公司已是一个在全国范围内拥有33家酒店和超过8 000间客房的大型连锁集团，连续3年位居"中国饭店业民族品牌20强"第5位（2006中国饭店集团管理公司统计报告）。仅靠传统的师傅带徒弟式的老办法，派管理人员过去传授经验是不够的，科学的方法是用一套软件把管理模式标准化，固化下来，通过软件的推广来复制管理经验。所以，"我们这里的'二次开发'绝不是'小作坊软件'的同义语。恰恰相反，它孕育着一个更大范围的标准化推广，金陵所有的成员单位都要使用这套软件进行管理，连锁店加盟的一个前提条件就是要接受这套软件"，金陵管理集团的胡明说。

资料来源：高丽华．金陵饭店集团：软实力扩张[J]．商学院，2006(11)

酒店战略概述

《辞海》中对战略的定义是"军事名词,指对战争全局的筹划和指挥。它依据敌对双方的军事、政治、经济、地理等因素,照顾战争全局的各方面,规定军事力量的准备和运用。"战略的英文翻译为 strategy,源于希腊语 strategos 和演变出的 stragia,也是一个与军事有关的词。将军事上的战略思想运用于企业管理后又运用于酒店企业的管理,便产生了酒店战略管理的概念,最终形成了管理学派和战略学派两种主要学派对。

不同学者对企业战略进行不同的分析,企业战略研究的先驱钱德勒认为企业战略是企业的长远性经营决策。企业经营战略是决定企业的基本长期目标与目的,选择企业达到这些目的所遵循的途径,并为实现这些目标与方针将企业重要资源进行分配。美国战略学家安索夫认为战略是企业为了适应外部环境,对目前与将来要从事的经营活动所进行的战略决策。美国哈佛商学院教授安德鲁斯认为,战略是一种决策模式,它决定和揭示企业的目的和目标,提出实现目的的重大方针与计划,确定企业应该从事的业务,明确企业的经济类型与人文组织类型,以及决定企业应对员工、顾客和社会所做的经济与非经济贡献。美国管理学教授奎因认为战略是一种模式或计划,它将一个组织的主要目的、政策与活动按照一定的顺序结合成一个紧密的整体。加拿大麦吉尔大学管理学教授明茨伯格借鉴营销学中的 4Ps 的提法,提出了企业战略的 5 Ps,即计划(Plan)、计策(Ploy)、模式(Pattern)、定位(Position)和观念(Perspective)。

资料来源:陈继 . 战略管理[M]. 上海:上海人民出版社,2008:5-7

关键点控制

关键点控制表见表 3-3。

表 3-3　关键点控制表

关键点控制	细化执行
1. 设计酒店愿景	酒店愿景
2. 确定酒店战略思想	战略思想
3. 确定酒店宗旨和使命	酒店宗旨和酒店使命
4. 确定酒店战略目标	战略目标
4.1　酒店近期发展目标	经营目标、规模目标、发展目标、薪酬目标等
4.2　酒店长期发展目标	战略远景目标
5. 分析酒店内外环境	SWOT 分析报告
5.1　外部环境分析	外部环境分析报告
5.2　内部环境分析	内部提升策划方案
6. 确定酒店战略	发展战略
6.1　提出可供选择的战略方案	可供选择战略方案
6.2　评估各战略方案	战略方案评估报告
6.3　确定酒店发展战略	发展战略

实 战 训 练

深圳格兰云天酒店管理有限公司由深圳中航集团联合其下属的上市公司深圳中航地产股份有限公司共同投资成立,现有注册资本 2 亿元人民币。公司发展目标是"打造国内一流的民族酒店品牌和国际水准的酒店管理公司"。"人在旅途何处去,格兰云天是家园",是写在格兰云天酒店服务指南扉页上的第一句话。格兰云天酒店致力于在中高端酒店客源市场凭借 20 年成功经营"格兰云天"和"上海宾馆"两个深圳知名品牌酒店的宝贵经验,顺应中国经济持续健康增长下酒店业迅速发展的大势,厚积薄发,自主创新"组织式发展,组合式经营"的发展模式,以效益型快速扩张的卓越业绩在业内确立了行业领先地位,并赢得社会的良好赞誉。依托于深圳中航强大的集团背景,中航酒店管理公司积极选择社会优质资源,寻求自行连锁扩张,重点专注于中高档次、精品商务酒店领域。目前在北京、上海、天津、广州、深圳、成都、江苏、江西、湖南等地在营、在建、待建酒店项目 20 余家。2010 年 6 月格兰云天和扬州中集牵手打造扬州中集格兰云天大酒店,预计在 12 月份正式开业。

请分析扬州中集格兰云天酒店面临的机遇与挑战,并为该酒店制订一份合适的发展战略。

学 习 测 评

学习评价表见表 3-4。

表 3-4　学习评价表

姓名		学号		班级	
任务		日期		地点	
任务开始时间:		年　月　日	任务完成时间:		年　月　日
检测内容		系数		分值	得分
1. 酒店愿景表述		1.5		15	
2. 酒店战略思想内容		1.5		15	
3. 酒店宗旨和使命		1.5		15	
4. 酒店发展近期目标		0.5		5	
5. 酒店发展远期目标		0.5		5	
6. 酒店发展外部机会分析		0.5		5	
7. 酒店发展外部挑战分析		0.5		5	
8. 酒店发展内部优势分析		0.5		5	
9. 酒店发展内部劣势分析		0.5		5	
10. 可供选择战略		1		10	
11. 战略评估		1.5		15	
合计		10		100	

认为做得好的地方：		
认为最不满意的地方：		
值得改进的地方：		
自我评价：	非常满意	
	满意	
	不太满意	
	不满意	
互评：		
师评：		
第三方评价：		

任务 **4**

酒店企业战略实施

▶▶ **任务实施**

酒店企业战略实施流程如图 4-1 所示。

图 4-1　酒店企业战略实施流程

4.1　建立酒店战略实施目标

（1）酒店高层管理者根据酒店发展战略的特点提出酒店战略实施的近期目标和中远期目标。通过具体文件和具体数据表述出来，分发到各部门，让每一个部门和每一个员工都明确酒店战略实施的目标，努力为此目标奋斗。

（2）酒店各职能部门根据酒店发展的总体战略，确定自己部门发展策略，并用具体文稿和具体数据表述显示出来，上报给酒店高层，酒店高层通过研究认可后，可以照此执行。

4.2　制订酒店战略实施计划

（1）酒店总经理办公室制订酒店战略实施的总体计划，经酒店高层会议审核通过后可以执行。

（2）各部门根据酒店战略实施的总计划制订本部门的发展计划和应对策略，报酒店总经理办公室审批，通过后可以按照这个计划来具体实施。

4.3　提出战略实施指导意见

（1）酒店高层管理者通过会议商讨，根据战略实施目标和实施计划，制订战略实施的政策指导意见，落实战略实施的政策保障措施和发展导向。

（2）政策指导意见主要明确战略实施过程中的酒店配套措施，例如酒店的组织机构设置原则、人力资源管理制度、人员激励机制、营销整合机制、财务指标等。

（3）酒店高层领导和中层管理者进行沟通，阐释酒店的政策指导意见，使中层管理者明确酒店的政策导向和具体实施意见，以此制订相应的部门响应预案。

4.4　优化资源配置

（1）酒店高层管理者分析和掌握现有资源，审核现有资源是否满足战略需要，如果不满足应做出具体的调整和实施措施。

（2）根据一般战略特点，酒店调整组织结构，便于战略实施。

① 成本领先战略的组织结构要求。结构分明的组织和责任；以严格的定量目标为基础的激励；严格的成本控制；经常、详细的控制报告。所以直线制组织结构中的集权化和职能制中的专业化、规范化可以确保成本领先战略的实施。

② 差异化战略的组织结构要求。研发与销售部门间的密切合作；重视主观评价与激励；轻松愉快的氛围，以吸引高技能员工与创造性人才。这种战略的实施需要相对扁平的组织结构来重组。

③ 集中化战略的组织要求。需向部分客人提供特定需求的服务，通过简单直线结构更为有效。采用简单直线制实施集中战略取得效益或市场份额，必须转化为职能制结构，以保证销售收入的持续增长。

（3）酒店管理者根据战略实施需要做出人员调整安排，进行人力资源的合理配置。

　阅读讨论

低成本战略为何无法有效实施？

W 度假饭店位于山脚下，没有工业污染，空气清新，水源好，是旅游度假的绝佳之处。但该饭店的效益并不理想，客房入住率不高。它的主要客户群是旅游团队客人，市场主要靠旅行社开拓，自身的营销机构主要承担联络与操作的事情。该饭店提供给旅行社的价格是非常低的，但许多顾客则认为从旅行社得到的价格不算低。该饭店经营者认识到，消费者如果没有感知到本饭店的价格优势，就难以改变目前的困境。该饭店的战略意图本为，通过旅行社的渠道把饭店推向市场。企业给旅行社提供有竞争力的价格，希望旅行社也能以较低的价格推向消费者,最终使消费者受益,从而扩大知名度与提高入住率,实现低成本扩张战略,但却没有得到旅行社的配合。由于该饭店的营销完全受控于几个旅行社,且旅行社为了提高自身的效益,给消费者的价格并不优惠,从而导致该饭店无法通过价格优势实施低成本战略。

以上案例告诉我们什么?成本领先战略存在怎样的风险?

4.5　构建酒店企业文化

酒店应根据业务和战略的不同采用不同的文化管理,以保障酒店的战略实施。

4.6　培育酒店企业核心竞争力

酒店领导者根据战略分析结果,明确酒店目前现有的优势和面临的机遇,将此优势进行巩固和发扬,尽力抓住现有机遇。根据战略分析结果,明确酒店面临的挑战和存在的劣势,在战略实施中尽量避免劣势带来的不利后果,勇于迎接挑战,在挑战中历练自己的企业和员工,但要尽量规避风险。在明确自身优势、劣势、机遇与挑战的过程中,酒店高层管理者应制订相应的政策和采取相应的措施,有意培育企业的核心竞争力,形成自己的特色和长处,使企业立于不败之地。

❖❖❖ 知识链接4–1 ❖❖❖

酒店战略实施模式

(1)指令型模式,又称指挥型模式。企业总经理考虑的是如何制订一个最佳战略的问题。在实践中,计划人员要向总经理提交企业经营战略的报告,总经理看后做出结论,确定了战略之后,向高层管理人员宣布企业战略,然后强制下层管理人员执行。

(2)变革型模式。这种模式的特点是企业总经理考虑如何实施企业战略。在战略实施中,总经理本人或在其他方面的帮助下需要对企业进行一系列的变革,如建立新的组织机构、新的信息系统、变更人事、甚至是兼并或合并经营范围,可采用激励手段和控制系统以促进战略的实施。

(3)合作型模式。这种模式的特点是企业的总经理考虑如何让其他高层管理人员从战略实施一开始就承担有关的战略责任。为发挥集体的智慧,总经理要和其他高层管理人员一起对企业战略问题进行充分的讨论,形成较为一致的意见,制定出战略,再进一步落实和贯彻战略,使每个高层管理者都能够在战略制定及实施的过程中做出各自的贡献。

(4)增长型模式。这种模式的特点使企业总经理考虑的是如何激励下层管理人员制订实施战略的积极性及主动性,更好地为企业效益的增长而奋斗,即总经理要认真对待下层管理人员提出的一切有利企业发展的方案,只要方案基本可行,符合企业战略发展方向,在与管理人员探讨了解决方案中的具体问题的措施以后,应及时批准这些方案,以鼓励员工的首创精神。采用这种模式,企业战略不是自上而下的推行,而是自下而上的产生。

(5)文化型模式。这种模式的特点是企业总经理考虑如何动员全体员工都参与战略实施活动,即企业总经理运用企业文化的手段,不断向企业全体成员灌输这一战略思想,建立共同的价值观和行为准则,使所有成员在共同的文化基础上参与战略的实施活动。

资料来源:陈继祥,王家宝.旅游企业战略管理[M].北京:旅游教育出版社,2007:213-214

雅高集团的品牌战略

自 1985 年进入中国市场,截至 2009 年 8 月,雅高在中国已经拥有 82 家酒店,品牌覆盖高端酒店和经济型酒店,而在 2002 年时,雅高集团在中国还仅管理 20 家酒店。近几年,雅高在中国的发展进入快速发展阶段,据统计,2008 年,雅高中国有 23 家酒店开业。2011 年,雅高计划在中国市场上酒店总数达到 180 家。

雅高集团在中国以及在全世界发展如此迅速,主要归功于集团非常重视其品牌的发展和提升。雅高集团旗下 1995 年时拥有 14 个品牌,目前拥有 6 大核心品牌。索菲特(Sofitel)为国际豪华型饭店,通常位于机场或度假区。诺富特(Novotel)为中档商务型饭店位于交通要道与商业繁华区。美居(Mercure)同样是中档商务饭店,但位于城市中心。宜必思(Ibis)为经济型商务与休闲饭店,至今仍然是欧洲最大的经济型饭店网络。佛缪勒(Formule)为廉价型旅馆,还有汽车旅馆(Motel)。雅高集团品牌战略的特征主要体现在以下三方面。

1. 采用并购已有的饭店而非投资新建饭店的扩展方式

雅高集团的创始人 Paul Dubrule 和 Gerard Pelisson 并不具备从事饭店业的背景,通过以建立新饭店并同时收购兼并已存在的连锁饭店(Hotel Chain)作为创业灵魂,在短短的五年时间里(1972—1977)将雅高集团的版图扩展到整个欧洲大陆。这种主要以并购已有的饭店而非投资新建饭店的扩展方式,也是 20 世纪 80 年代国际酒店集团扩张的典型特征。

2. 首个独立品牌"诺富特"饭店的飞速发展

雅高集团惊人的扩张速度离不开首个独立品牌诺富特饭店的飞速发展。1977 年末,整个欧洲已拥有 76 家诺富特饭店。从 1978 年到 1983 年期间,将目光放眼于整个欧洲市场,在其邻国迅速崛起 28 家诺富特饭店,其中 19 家在德国。1984 年诺富特饭店决定开发英国市场,在 1987 年至 1994 年期间,共计建立了 13 家诺富特饭店。今天,诺富特饭店已在 18 个欧洲国家开设了 214 家连锁饭店,成为欧洲饭店业的主力军。获得诺富特特许经营权的饭店必须履行总公司制订的相关产品标准(如客房规模、家具规格等)和价格政策(如房价、诺富特持卡会员优惠、会议价格等)。拥有特许经营权的饭店还可以资源共享,通常除了必须采用诺富特饭店的政策及系统外,其他方面相当灵活。

3. 重视品牌延伸与品牌结构设计

品牌延伸能保证在不损害原有品牌价值、理念、企业文化等的基础上扩大开发新产品或衍生产品以满足不断变化的市场,以期占据更多的客源市场。同时,集团在改造收购的酒店或更新旧饭店成高档饭店时,采用新品牌可以降低建设成本。

目前,雅高集团拥有涉及旅游和饭店业的 6 个商业领域的 50 多个商标,共计饭店 2 783 家,其中诺富特饭店 280 家。1985 年,雅高集团创立了欧洲第一家以培训员工为目的的企业院校雅高学院,不仅负责集团内部员工的协调、管理以及指导培训课程,同时也为集团内部各级经理提供了可以相互交流经验的平台。这种重品牌,走多元化的发展之路值得国内同行学习借鉴。

资料来源:根据谷慧敏《世界著名饭店集团管理精要》(辽宁科学技术出版社,2003 年 5 月),整理而成

阅读材料4-2

希尔顿酒店集团的发展战略与企业文化建设

　　希尔顿十分注重员工的文明礼仪教育,倡导员工的微笑服务。他每天至少到一家希尔顿饭店与饭店的服务人员接触,向各级人员(从总经理到服务员)问得最多的一句话,必定是:"你今天对客人微笑了没有?"希尔顿对他的员工说:"请你们想一想,如果旅馆里只有第一流的设备而没有第一流服务员的微笑,那些旅客会认为我们供应了他们全部最喜欢的东西吗?如果缺少服务员的美好微笑,正好比花园里失去了春天的太阳和春风。假如我是旅客,我宁愿住进虽然只有残旧地毯,却处处见到微笑的旅馆,也不愿走进只有一流设备而不见微笑的地方⋯⋯"当希尔顿坐专机来到某一国境内的希尔顿旅馆视察时,服务人员就会立即想到一件事,那就是他们的老板可能随时会来到自己面前再问那句名言:"你今天对客人微笑了没有?"

　　希尔顿的战略有其独到之处。

　　(1) 每一家饭店都要拥有自己的特性,以适应不同城市、地区的需要。要做好这一点,首先要挑选能力好、足堪胜任的总经理,同时授予他们管理好饭店所必需的权力。

　　(2) 要编制预算。希尔顿先生认为,20 世纪 20 年代和 30 年代美国饭店业失败的原因,是由于美国饭店业者没有像卓越的家庭主妇那样编制好饭店的预算。他规定,任何希尔顿饭店每个月底都必须编制当时的订房状况,并根据上一年同一月份的经验资料编制下一个月每一天的预算计划。他认为,优秀的饭店经理都应正确地掌握每年每天需要多少客房服务员、前厅服务员、电梯服务员、厨师和餐厅服务员。否则,人员过剩时就会浪费金钱,人员不足时就会服务不周到。对于容易腐烂的食品补充也是这样。他还认为,除了完全不能预测的特殊情况,饭店的决算和预算大体上应该是一致的。

　　(3) 集体或大批采购。拥有数家饭店的饭店集团大批采购肯定是有利。当然有些物品必须由每一家饭店自行采购,但也要注意向制造商直接大批采购。这样做不仅能使所采购的同类物品标准统一、价格便宜,而且也会使制造商产生以高标准来改进其产品的兴趣。

　　(4) "要找金子,就一再地挖吧!"挖金是希尔顿先生从经营莫布雷旅馆取得的经验。他买下莫布雷旅馆后做的第一件事就是要使每一平方米的空间产生最大的收入。他将餐厅改成客房。另外,为了提高经济效益,又将一张大的服务台一分为二,一半做服务台,另一半用来出售香烟与报纸。原来放棕榈树的一个墙角也清理出来,装修了一个小柜台,出租给别人当小卖店。希尔顿先生买下沃尔多夫饭店后,他把大厅内 4 个做装饰用的圆柱改装成一个个玻璃陈列架,把它租赁给纽约著名的珠宝商和香水商,每年因此可增加 4.2万美元的收入。买下朝圣者饭店后,他把地下室租给别人当仓库,把书店改成酒吧,所有餐厅一周营业 7 天,夜总会里又增设了摄影部。

　　(5) 特别注重对优秀管理人员的培训。希尔顿饭店公司积极选拔员工到密歇根州立

大学和康奈尔大学饭店管理学院进修或在职培训。希尔顿饭店的管理人员都由内部的员工晋升上来,大部分饭店的经理都在本系统工作 12 年以上。每当开发一家新的饭店,公司就派出一支有多年经验的管理小分队去主持工作,而这支小分队的领导一般是该公司的地区副总经理。

(6) 强化推销努力。包括有效的广告、新闻报道、促销、预订和会议销售等。

(7) 希尔顿饭店之间可以相互订房。随着希尔顿系统饭店数量的增加,饭店之间的订房越来越普遍。

资料来源:百度百科,"希尔顿"相关内容

关键点控制

关键点控制表见表 4-1。

表 4-1 关键点控制表

关键点控制	细化执行
1. 建立酒店战略实施目标	实施目标
1.1 长期目标	酒店发展报告
1.2 近期发展目标	酒店发展近期报告
2. 制订酒店战略实施计划	战略实施计划
3. 提出战略实施指导意见	战略实施的政策指导意见
4. 优化资源配置	资源配置
4.1 组织结构调整	组织结构优化政策
4.2 人力资源安排	人力资源整合战略
5. 构建酒店企业文化	企业文化建设纲要
6. 培育酒店企业核心竞争力	酒店核心竞争力培育方案

实 战 训 练

深圳威尼斯饭店是中国首家威尼斯文化主题商务度假型饭店,华侨集团以管理合同的方式委托洲际饭店管理集团管理威尼斯饭店。开业以来,威尼斯饭店创造了一个引进国际先进饭店管理经验并使其逐渐本土化的成功范例。

第一,采取"双品牌"策略,优势互补,实现文化上的本土化。华侨城集团经过 20 多年的发展,已成为享誉中外的强势品牌,其所包含的文化性、艺术性、国际性、包容性以及环境的美誉度、社会的认知度和企业的效益,使威尼斯饭店一开始就站在较高的起点上,表现出与众不同的品质。华侨城旅游业的整体推广、城区资源的有效整合、配套功能的合理布局,为扩大威尼斯饭店的知名度、提高入住率以及吸引回头客等方面起到了积极的推动作用。

第二,配合双方的文化特色,打造独特的饭店文化。威尼斯饭店较好地实现了外方管理文化的本土化,形成了自己独特的饭店文化。文化上的融合就是理念的融合。华侨城

"优质生活的创想家"的理念是其企业文化的实质,诠释着华侨城人对生活质量的追求,而"朴实无华、诚实可靠、坚持不懈、乐观大度,加之以一种复兴者的激情"的洲际饭店集团的企业精神正是他们生活态度的写照。这两种理念的碰撞与融合成就了威尼斯饭店对生活质量和人文关怀执著追求。无论是外籍员工还是中国员工,均表现出融洽、自信、乐观、积极向上的生活态度。文化中的开放性和包容性。接受新的理念,包容不同文化是威尼斯饭店文化的特征之一。在威尼斯饭店可以感受到亲和的文化氛围。管理方和业主间相处融洽。每月的经营汇报是业主和管理方最直接的沟通,业主可以一针见血地指出饭店管理中存在的问题,也可以毫不犹豫地接受外方提出的合理建议。而饭店之外,管理者和业主之间则是朋友般友善,外方总经理还邀请业主方的领导及员工到他家做客。正是这种开放的心态成就了威尼斯饭店开放的文化。人才的本土化和观念的国际化成就了威尼斯独特的管理模式。洲际集团的管理模式随着市场的变化在不断完善着它的本土化过程。进入中国市场之后,他们吃一堑,长一智,根据中国的国情和民族的特性进行合理的调整。洲际在与华侨城合作中,更加注重于管理模式的创新。比如饭店通过"人员本土化策略",培养了一批本土管理人才,这些人员中有相当一部分来自华侨城集团,他们一方面在实践中掌握管理技术;另一方面也使外方的管理更符合中国的民风、习俗和价值观念。通过学习、融合、沟通,华侨城在吸引洲际管理经验的基础上,融进了中国的文化,融进了华侨城的管理理念。在这种具有创造性的模式中,既有国际饭店管理集团公司严格规范的运作流程和市场经验,又不失东方管理的人文关怀,含蓄与奔放、亲和与严谨,使威尼斯饭店赢得了不同文化背景的客人的喜爱。

威尼斯饭店如何实施其战略?在饭店跨文化经营管理中应该坚持什么原则?

为该酒店制订一份新的战略实施方案。

学 习 测 评

学习评价表见表 4-2。

表 4-2　学习评价表

姓名		学号		班级	
任务		日期		地点	
任务开始时间:		年　月　日	任务完成时间:		年　月　日
检测内容			系数	分值	得分
1. 酒店战略目标			1.5	15	
2. 酒店战略实施计划			2	20	
3. 制订战略实施的政策指导意见			1.5	15	
4. 资源配置			1.5	15	
5. 企业文化建设方案			2	20	
6. 酒店核心竞争力培育方法的提出			1.5	15	
合计			10	100	

认为做得好的地方:

续表

认为最不满意的地方：		
值得改进的地方：		
自我评价：	非常满意	
	满意	
	不太满意	
	不满意	
互评：		
师评：		
第三方评价：		

任务 **5**

酒店企业战略控制

任务目标

1. 选择酒店战略控制方法
2. 确定战略评价标准
3. 对战略进行有效调整

知识准备

1. 战略控制理论
2. 战略评价方法

▶ 任务实施

酒店企业战略控制流程如图 5-1 所示。

图 5-1　酒店企业战略控制流程

5.1　选择酒店战略控制方法

酒店高层管理者研究决定战略实施最终的衡量指标,一般衡量的方法有市场评价方法和财务评价方法,或者两者方法并存。如果是市场评价方法,衡量的指标主要有市场占有率、客房出租率、客人满意度、酒店美誉度等。如果是财务评价方法,则衡量的指标主要有酒店营业额、营业收入、酒店利润、客房出租率、客房营业额和成本支出等。主要通过这些指标看酒店战略实施过程中或实施后,酒店利润是否增加,酒店是否赢利等。当然酒店也可以选择这两种评价方法中的主要指标作为衡量要素,例如选择市场占有率、客房出租率、酒店净利润、顾客满意度等作为衡量指标。

5.2　确定评价的标准

评价战略时应考虑以下六个要素。

（1）酒店战略要有环境的适应性

酒店企业所选的战略必须和外部环境及其发展趋势相适应。

（2）战略要与酒店目标保持一致

酒店企业所选的战略必须能保证酒店战略目标的实现。

（3）战略要有竞争的优势

酒店所选的战略方案必须能够充分发挥酒店的优势,保证酒店在竞争中取得优势地位。

（4）酒店战略要有预期的收益

酒店要选择能够获取最大利润的战略方案。需要注意的是,这里所说的战略利润是长期利润而不是短期利润。其指标很简单,用投资利润率来评价。

（5）战略要有资源的配套

酒店战略的实现必须有一系列战略资源作保证,这些资源不仅要具备,而且要配套,暂时不具备而经过努力能够具备的资源也是可取的。

（6）战略要注意规避其风险

未来具有不确定性,因此任何战略都会具有一定的风险,在决策时要认真对待风险。酒店一方面,在态度上要有敢于承担风险的勇气;另一方面,在手段上,事先要科学地预测风险,并制定出应变的对策,尽量降低风险。

5.3　评估实际战略实施的绩效

战略绩效评估是在战略执行的过程中对战略实施的结果从财务指标、非财务指标进行全面的衡量。它本质上是一种战略控制手段,即通过战略实施成果与战略目标的对比分析,找出偏差并采取措施纠正。

（1）根据评价指标,酒店管理者将任务下发到酒店各职能部门,同时下发绩效考核标准。

（2）依据最终运营统计结果,进行月度评估、季度考察、年度审核,衡量实际绩效,并形成绩效报告。

阅读讨论

2010 年 10 月喜达屋酒店与度假村国际集团为巩固其在中国最大的五星级和四星级酒店运营商之一的长期主导地位,在拥有 62 家酒店的基础上,筹建 86 家新酒店。2011 年,喜达屋筹划的每三家新建酒店中就有一家将在中国开业,包括其九大品牌中已进入中国的八个品牌的全新旗舰店。中国将成为仅次于美国的喜达屋第二大酒店市场。面对如此大规模的扩张战略,您认为该酒店集团应建立怎样的评价机制和监控机制?

5.4　战略调整

通过月度总结、季度报告、年终总结报告比较实际绩效与标准绩效之间的差距，找出产生差距的原因，及时发现偏差，及时纠正。

（1）根据产生差距的原因，做出具体的战略调整计划。例如检查制订战略时的假设是否出现重大失误，在战略的实施过程中，环境是否发生了重大的变化，导致战略的失效。

（2）检查企业在运作过程中有无偏离战略方向，是否完成预期的战略目标。如果基本完成预期目标则按照原有运作方案继续执行，如果发生重大偏差则应做出调整决定。

（3）建立战略预警系统。在每一个战略制订时需建立配套的战略预警系统，当环境发生重大变化或者战略实施过程中发生重大偏差时应及时启用战略预警系统。

（4）运用非诊断型控制模式。制订预防性控制计划、建立酒店信仰系统、酒店管理制度和激励机制等对酒店战略进行有效的监控。

◇◆◇ 知识链接5-1 ◇◆◇

饭店发展战略

饭店发展战略一般可分为以下几类。

1. 一体化战略

饭店一体化战略包括纵向一体化、横向一体化和混合一体化战略。

（1）纵向一体化也称为垂直一体化，是指生产或经营过程相互衔接、紧密联系的企业之间实现一体化，按物质流动的方向又可以划分为前向一体化和后向一体化。

（2）横向一体化，也称为水平一体化，是指与处于相同行业、生产同类产品或工艺相近的企业实现联合，实质是资本在同一产业和部门内的集中，目的是实现扩大规模、降低产品成本、巩固市场地位。

（3）混合一体化。这是指处于不同产业部门、不同市场且相互之间没有特别的生产技术联系的企业之间的联合，包括三种形态：产品扩张型，即与生产和经营相关产品的企业联合；市场扩张型，即一个企业为了扩大竞争地盘而与其他地区生产同类产品的企业进行联合；毫无关联型，即生产和经营彼此之间毫无联系的产品或服务的若干企业之间的联合。

2. 多元化战略

饭店多元化战略包括产品多元化、市场多元化、投资区域的多元化和资本多元化。

所谓产品的多元化，是指企业新生产的产品跨越了不一定相关的多种行业，且生产多为系列化的产品。所谓市场的多元化，是指企业的产品分布在多个市场，包括国内市场和国际区域市场，甚至是全球市场。所谓投资区域的多元化，是指企业的投资不仅集中在一个区域，而且分散在多个区域甚至世界各国。所谓资本的多元化，是指企业资本来源及构成的多种形式，包括有形资本和无形资本，诸如证券、股票、知识产权、商标和企业声誉等。

一般意义上的多元化经营，多是指产品生产的多元化。多元化与产品差异是不同的概念。所谓产品差异是指同一市场的细分化，但在本质上是同一产品。而多元化经营则是同一企业的产品进入了异质市场，是增加新产品的种类和进入新市场两者同时发生的。

所以多元化经营是属于经营战略中的产品—市场战略范畴,而产品差异属于同一产品的细分化。同时,对企业的多元化经营战略的界定,必须是企业异质的主导产品低于企业产品销售总额的70%。例如:许多饭店企业是由地产商经营起来的,企业的前身是经营房地产生意,后来由于经营扩张,产品多元化才开始经营饭店、旅游景区、车船公司等其他行业。

3.饭店集团化

饭店集团化基本途径有二:一是有实力的企业自己组建饭店集团;二是实力相对不足的单体饭店加入饭店集团。饭店集团的发展模式主要有资本扩张、特许经营、管理合同、战略联盟等形式。其中资本扩张又包括资产并购、合资、全资和租赁经营。

4.品牌化发展战略

饭店品牌的经营按照品牌与产品的关系及扩展方向,主要可以归纳为单一品牌策略、主副品牌策略和多元品牌策略三类。例如,香格里拉饭店集团和加拿大的四季饭店集团主要在全球豪华市场竞争,均使用单一品牌,无论是产品品牌还是公司品牌体现的都是豪华的形象。精品国际饭店集团采用的则是多品牌策略。旗下的九个品牌彼此独立,且与精品国际本身无多大关联。其中 Clarion Hotels 是精品国际中提供全面服务的一流饭店品牌,该品牌的宣传口号是"精益求精"。Econo Lodge 以大众可以接受的中等价位提供整洁、经济的服务,其名声在全球同档次的饭店中是最大的。Rodeway Inn 主要面向城市或大中城镇的高级旅游市场,提供中等价格的客房,该品牌的宣传口号是"温馨的家园"。

饭店品牌经营的生命力在于实现品牌资产的价值。因为只有使饭店的品牌产生溢价和增值效应,才能保证饭店品牌的持续经营。饭店品牌营运,既要注重品牌的有效保护,防止品牌形象受损或被侵权,又要利用品牌效应,实现品牌扩张。

资料来源:陈继祥,王家宝. 旅游企业战略管理[M]. 北京:旅游教育出版社,2007:120-137

关键点控制

关键点控制表见表 5-1。

表 5-1　关键点控制表

关键点控制	细化执行
1.战略控制方法的选择	战略控制
1.1 市场指标的确定	市场营销战略
1.2 财务指标的确定	财务战略
2.确定战略评价标准	战略评价标准
3.评估实际绩效	各部门绩效评估报告
4.战略预警系统制订	战略预警系统
5.战略监控系统制订	战略监控系统
6.战略调整决策	战略调整方案

实 战 训 练

2010年4月,中国的锦江国际集团与美国的德尔集团(Thayer Lodging Group)携手收购美国洲际酒店集团(Interstate Hotels & Resorts,Inc.)的战略合作项目顺利完成,相关交易总价值达三亿美元。这是中国旅游酒店企业首次以中外合作方式收购国外同行,是中国酒店企业开展国际并购以来最大的一宗交易,也是上海国有企业首次参与收购美国上市公司。

据介绍,此次中美三方企业的战略合作,旨在充分发挥并购效应,深化国际合作,推进国际、国内两个市场的协同发展,积极探索品牌发展与资产增值的有机结合。依托此次战略合作,中美企业今后有望发起设立中国第一只酒店旅游产业投资基金,同时作为国际领先的独立酒店管理公司,洲际酒店集团可将其成熟的管理业务带入市场潜力巨大的中国。

据了解,2005年10月,锦江国际集团已与德尔集团合资设立了中国最大的旅游分销平台HUBS1(汇通天下),并成为中国2010年上海世博会的官方指定订房平台,今年全年订房量预计可达350万间/套。

锦江主营是星级酒店和餐饮,同时控股锦江股份,业务遍布中国内地180个城市。近几年锦江陆续收购了中国内地多家酒店和资产,包括武汉的锦江国际大酒店、北京的昆仑饭店、昆明的锦江大酒店、西安的西京国际饭店,锦江发展也实现了超常规发展,目前酒店数已经突破了500家。

美国德尔集团是集酒店投资、酒店管理和酒店旅游网络信息技术为一体的旅游业综合实体。美国洲际酒店集团是北美领先的独立酒店管理公司,业务分布于全球七个国家,投资和管理着228家酒店,约4.6万间/套客房。

请为锦江酒店集团制订战略实施方案评价体系。

学 习 测 评

学习评价表见表5-2。

表5-2　学习评价表

姓名		学号		班级	
任务		日期		地点	
任务开始时间:　　年　　月　　日			任务完成时间:　　年　　月　　日		
检测内容			系数	分值	得分
1. 市场评价指标体系建立			1.5	15	
2. 财务评价指标体系建立			1.5	15	
3. 酒店战略实施方案评价标准建立			2.0	20	
4. 实际绩效评估方案制订			1.5	15	
5. 战略预警系统建立			1.5	15	
6. 制订战略调控系统			2.0	20	
合计			10	100	

认为做得好的地方：		
认为最不满意的地方：		
值得改进的地方：		
自我评价：	非常满意	
	满意	
	不太满意	
	不满意	
互评：		
师评：		
第三方评价：		

任务**6**

酒店企业文化建设

任务目标

1. 满足酒店主动塑造的文化形态
2. 塑造酒店内部员工行为和关系的规范
3. 维系酒店企业成员的统一性和凝聚力

知识准备

1. 企业文化的概念
2. 酒店企业文化的作用
3. 影响酒店企业文化建设的因素

▶▶ 任务实施

酒店企业文化建设流程如图 6-1 所示。

图 6-1 酒店企业文化建设流程

6.1 建立酒店企业文化实施机构

(1) 高层领导者预定目标。

(2) 建立企业文化实施机构。酒店要统一思想,充分认识加强酒店企业文化建设的重要性、紧迫性。赋予相关部门、人员酒店文化建设的职能、职权。既要有统一的目标,又要有明确的分工。拟订企业文化建设分级考核体系,纳入年度业绩考核指标。

(3) 酒店领导人要作为酒店企业文化建设的领导者和推行者。

6.2 诊断评估酒店文化

（1）诊断文化。组织相关人员或专业机构诊断酒店的现有文化。

（2）评估文化。组织相关人员或专业机构评估酒店的现有文化，提出建议。

（3）设计文化。由酒店的管理者或企业文化的倡导者、设计者提出酒店企业文化建设的初步方案。

（4）培育文化。在酒店的各个部门培育企业文化。

（5）评价文化。对酒店文化培育过程中出现的问题以及实施情况进行跟踪，确保酒店企业文化建设任务顺利完成。

6.3 提炼酒店文化理念体系

1. 提炼文化

对有效的酒店企业文化进行归纳和加工，概括出易懂、简洁易记，又能鼓舞人心的语言来表达。

（1）酒店找10位从创业到发展全过程都参加的人，让他们每一个人讲三个故事。

（2）把重复率最高的故事整理出来，进行初步加工，形成完整的故事。

（3）找十个刚来企业一年左右的员工，最好是大中专学生，把整理好的故事讲给他们听。

（4）把专家和有关酒店领导集中封闭起来，对记录的内容进行研究、加工，从中提炼出使用率最高的能代表故事精神的词。这些词语经过加工，就是企业精神或企业理念。

（5）按照提炼出来的反映精神或理念的核心词语，重新改编故事，在尊重历史的前提下，进行文学创作，写出集中反映核心词语的酒店自己的故事，再结合酒店发展历程，进一步科学提炼、系统归纳现有的企业文化。

2. 建立酒店文化理念体系

（1）把酒店中层以上干部集中起来，把酒店的理念，逐句念出来，让大家把听到理念后，所想到的能代表这种理念的人物、事件说出来或写出来。如果大部分人都能联想到代表人物或事件，且事件相对集中，就说明酒店的文化得到了大家的认同；如果大部分人不能说出或写出代表性的人物或事件，就说明企业文化和企业理念没有得到员工的认同，就更谈不上对员工行为的指导作用。

（2）组织成员进行讨论，集思广益，在讨论中实现新旧价值观及文化的碰撞及交替，确立并完善企业文化的内涵。

（3）调整文化。跟踪反馈酒店文化建设效果，对某些不符合环境变化的内容予以调整或重塑酒店文化。

6.4 设计酒店行为规范体系

酒店行为规范体系的设计过程包括：

（1）设计酒店员工职业行为规范。

（2）设计酒店管理者职业行为规范。

（3）设计酒店高层管理者职业行为规范。

（4）设计酒店专业人员行为规范：

① 设计生产人员职业行为规范；

② 设计营销人员职业行为规范；

③ 设计对客服务人员职业行为规范；

④ 设计工程技术人员职业行为规范。

6.5　设计酒店行为识别体系

1. 确定酒店 MI（理念识别）

（1）确定全体职工的价值观。酒店价值观是酒店文化的核心，关系酒店的命脉，决定酒店的兴衰。

（2）确立酒店精神。最大限度地激发职工内在潜力，培育有个性的酒店精神是加强酒店文化建设的核心，也是酒店文化的首要任务和主要内容。培养酒店精神，要遵循时代性、先进性、激励性、效益性等原则，不仅要反映酒店本质特征，而且要反映出行业的特点和本单位特色，体现出酒店的经营理念。

（3）确立符合酒店实际的酒店宗旨。酒店宗旨是酒店生存发展的主要目的和根本追求，它是以酒店发展的目标、目的和发展方向来反映酒店价值观。酒店道德是在酒店生产经营实践的基础上，基于对社会和对人生的理解做出的评判事物的伦理准则。酒店作风是酒店全体干部职工在思想上、工作上和生活上表现出来的态度、行为，体现酒店整体素质和对外形象。

2. 确立 VI（视觉识别）

（1）统一标识、服装、产品品牌、包装等，实施配套管理。在酒店发展中还要以务实的态度不断完善酒店视觉识别各要素，包含酒店标识、旗帜、广告语、服装、信笺、徽章、印刷品统一模式等，做到改进—否定—再改进—再确定。

（2）规范员工行为礼仪，在社会上建立起酒店的高度信任感和良好信誉度。

3. 确立 BI（行为识别）

行为识别包括以下内容。

（1）酒店内部对职工的宣传、教育、培训。

（2）酒店对外经营、社会责任等。要通过组织开展一系列活动，将酒店确立的经营理念融入酒店的实践中，指导酒店和职工行为，树立良好的酒店企业形象。

（3）以人为本，树立精干高效的队伍形象，打造酒店文化精神。

（4）树立共同理想，规范行动形成良好行为习惯，塑造良好形象，扩大社会知名度。

6.6　设计酒店文化推进系统

1. 导入酒店文化系统

导入酒店文化就是要让培训和酒店结合在一起，做到培训具有针对性，文化只适合本酒店，如此导入效果才好。也就是说，这样需要培训和咨询相结合，其中再贯穿活动，让这些点穿成一条线，效果才能体现出来。

2. 建立酒店学习型组织

创建学习型酒店活动作为提高酒店核心竞争力的有效载体,紧密结合酒店自身特点和员工实际开展工作,确保酒店在打造学习型企业的轨道上实现可持续发展。在酒店上下形成讲学习、求和谐、谋发展的良好氛围,将学习型企业组织理论不断运用于酒店管理实践中。

3. 完善企业文化制度层

以企业文化为指导完善企业文化制度层,将企业文化以制度形式确立下来。

(1) 内外并举,塑造品质超群的产品形象,打造酒店物质文化;

(2) 目标激励,塑造严明和谐的管理形象,打造酒店制度文化;

(3) 寓教于文,塑造优美整洁的环境形象,打造酒店行为文化。

4. 规划酒店文化建设战略

在持续推进酒店文化建设的同时,规划酒店未来的文化建设战略。

6.7　设计酒店文化培训体系

(1) 确立酒店文化培训目标。

(2) 发布并宣传酒店文化。发布并宣传酒店文化的内容,采取培训教育的方式,发动酒店全体成员学习了解。

① 结合酒店发展战略,科学制订员工培养计划;

② 对全体员工进行酒店文化培训;

③ 树立和培养典型人物;

④ 以酒店文化理念与价值观为导向,制订管理制度。

(3) 持续改进,制订文化培训体系。审视酒店内外部状况,明确变革需求,制订切实可行的酒店文化培训体系。

知识链接6-1

品牌文化等同企业文化吗?

品牌文化是品牌最核心的 DNA,它蕴涵着品牌的价值理念、品位情趣、情感抒发等精神元素,是品牌价值内涵及情感内涵的自然流露,是品牌触动消费者心灵的有效载体。

品牌文化的价值在于,它把产品从冰冷的物质世界,带到了一个丰富多彩的精神世界。在消费者心中,选用某一品牌不仅是满足产品物质使用的需求,更希望藉此体现自己的价值观、身份、品味、情趣等。可以说,未来企业的竞争是品牌的竞争,更是品牌文化的竞争,培育具有品牌个性和内涵的品牌文化是保持品牌经久不衰的"秘籍"。

品牌文化由诸多要素构成,品牌核心价值是品牌文化的灵魂,品牌 VI 形象、品牌演绎故事等是品牌文化附着的载体,广告、新闻、公关活动等手段又成为品牌文化传播的途径。创建品牌的过程其实就是一个将品牌文化充分的展示过程,持续不懈的演绎,与时俱进的传播,使品牌文化植入人心。

例如,辉煌百年的可口可乐,把美国人的精神、美国人的生活方式融入了品牌文化,把品牌文化变成了人们生活中的一部分,渗透全球,成为品牌文化成功的典范。万宝路为我们展示了一幅美国西部牛仔阳刚、豪迈的"硬汉"形象,代表着勇敢、正义和自由;星巴克则面对都市白领,演绎出一种忙中偷闲、讲求品味和情调的咖啡文化。

企业文化则是不同于品牌文化的另一个概念,企业文化是企业在经营活动中形成的企业精神、价值观念、经营理念、经营方针、行为准则、道德规范、管理制度以及企业形象等的总和。它是企业个性化的体现,是企业参与竞争、寻求发展的原动力。俗话说:"小企业看老板,中企业看制度,大企业看文化",其实企业文化就是一种柔性的管理手段,是通过建立一种共同的价值观,从而形成企业统一思维方式和行为方式。

企业文化是企业生存发展原动力。海尔"创新、效率"的企业文化激发了所有海尔人的智慧和力量,也使海尔以飞快的速度崛起和腾飞。

企业文化能增强企业的凝聚力。企业文化一旦被企业员工共同认可后,它就会成为一种黏合力,使全体员工在企业的使命、战略目标、战略举措、沟通合作等方面达成共识,从而产生一种巨大的向心力和凝聚力。日本的三井公司正是因为有着"集体主义"的企业文化,才使其在经历了二十多年的分离后重又走在一起。

企业文化能加强企业的维护力。制度是刚性的,文化是柔性的,"刚不可久,柔不可守",企业文化补充了企业制度刚性的弱点,有效地消除了员工对制度控制的抵触性,提升了员工的贯彻执行力,是企业管理的辅助工具。许多民营企业往往内部矛盾重重,难以基业常青,其实就是因为缺乏良好的企业文化。

品牌文化和企业文化既密切联系又有所不同。

品牌文化是属于消费者的,它的本质是影响引导消费者的消费取向,获取消费者对品牌的信赖和忠诚,使企业获取源源不断的利益。而企业文化是属于企业员工的,它的本质是企业通过建立一种共同的价值观,从而形成统一思维方式和行为方式,凝聚员工人心,提升员工的执行力,增强团队的战斗力。

宝洁公司的企业宗旨是:"生产和提供世界一流产品,美化消费者的生活",但它并不在品牌传播中传递这些信息,甚至许多消费者都不知道吉利是宝洁公司旗下的品牌。可口可乐公司在品牌宣传中,也只是向消费者传播品牌形象及品牌文化,很少提及公司的企业文化。

让品牌承载丰富的企业文化内涵其实是一种不明智的做法。一般而言,消费者只关心企业带给他们的品牌怎样,是否能从品牌中获得自己内心所需求的功能或精神上利益,至于企业文化如何并不是他们关注的重点。

当然,品牌文化同企业文化也有着密切的联系。优秀的企业文化,将会助力品牌文化的建设和培育,促进企业品牌形象的提升。"可口可乐"、"微软"、"联想"、"海尔"等,那些成功的企业,其优秀的企业文化在其品牌形象塑造过程中发挥了巨大的作用。

资料来源:杨兴国.品牌文化等同于企业文化吗.中国企业文化网.http://www.ce-c.com/2009/0211/1135.html

关键点控制

关键点控制表见表 6-1。

表 6-1 关键点控制表

关键点控制	细化执行
1. 建立酒店企业文化实施机构	文化管理计划书
1.1　高层领导者预定目标	目标草案
1.2　审议组织结构和职责分工	组织结构图、考核指标
2. 诊断评估酒店文化	文化诊断资料
3. 提炼酒店文化理念体系	文化理念
3.1　提炼文化	文化归纳加工
3.2　建立酒店文化理念体系	调整或重塑酒店文化
4. 设计酒店行为规范体系	各类人员行为规范
5. 设计酒店行为识别体系	行为识别
5.1　确定酒店 MI	酒店价值观、酒店精神
5.2　确立 BI	行为识别
5.3　确立 VI	视觉识别
6. 设计酒店文化推进系统	文化实施体系
7. 设计酒店文化培训体系	酒店文化培训体系

实 战 训 练

　　华天酒店文化以"礼、智、信、仁、义、德"这一中国传统文化精髓为根基,以《华天三字经》为载体,以"百年华天,华开天下"为共同愿景,以"超越自我,服务创造价值"为核心价值理念,以"令顾客满意加惊喜的精致服务"为核心竞争力,呈现出"先、高、严、优、细"为代表的五字文化特征,以及"酒店、员工、顾客"三位一体的价值创造流程。

　　华天酒店文化是服务的文化,是用"心"构建的文化,华天"心"形企业文化建设模式是以酒店、员工、顾客三者为边界,遵循同一价值频率,形成一颗共同跳动之"心"、和谐之"心"、成长之"心"。如图 6-2 所示。

图 6-2 华天"心"形企业文化建设模式

　　一个核心:核心价值理念,即超越自我,服务创造价值。

　　两个基本点:管理以员工为中心;经营以顾客为中心。

　　三个环节:酒店为员工创造价值;员工为顾客创造价值;顾客为酒店创造价值。

四大法宝:高标准、严要求的准军事化管理;精致化、精美化的华天特色服务;德为先、人为本的现代儒学文化;争第一、永创新的先进企业精神。

五字特征:先、高、严、优、细。先:勇于创新,敢为人先。高:高起点、高标准、高效率。严:严肃、严谨、严格。优:优质、优美、优秀。细:细节、细微、细致。

六十字"华天三字经":

华天人　立大志　敬事业　勤修身　恭俭让　礼智信　善为心　诚为本　孝父母
爱同仁　客如友　乐助人　语宜温　行端正　学不厌　永创新　严为爱　业技精
争第一　是店魂

1. 根据前面资料,请为华天酒店各类人员设计行为规范体系。

2. 请为华天酒店设计培训体系。

学 习 测 评

学习评价表见表6-2。

表6-2　学习评价表

姓名		学号		班级	
任务		日期		地点	
任务开始时间:		年　月　日	任务完成时间:	年　月　日	
检测内容			系数	分值	得分
1. 建立酒店企业文化实施机构			1.0	10	
2. 诊断评估酒店文化			1.5	15	
3. 提炼酒店文化理念体系			1.0	10	
4. 建立酒店文化理念体系			0.8	8	
5. 设计酒店行为规范体系			2.2	22	
6. 设计酒店行为识别体系			1.5	15	
7. 设计酒店文化推进系统			1.0	10	
8. 设计酒店文化培训体系			1.0	10	
合计			10	100	

认为做得好的地方:

认为最不满意的地方:

值得改进的地方:

自我评价:	非常满意	
	满意	
	不太满意	
	不满意	

互评:

师评:

第三方评价:

拓 展 提 升

请阅读以下资料。

1. 陈继祥,王家宝.旅游企业战略管理[M].北京:旅游教育出版社,2006
2. 谷慧敏,秦宇.世界著名饭店集团管理精要[M].沈阳:辽宁科技出版社,2001
3. 陈继祥,黄丹,范徽.战略管理[M].上海:上海人民出版社,2008
4. 丁贵明,崔大鹏.21 世纪企业战略管理创新[M].北京:学苑出版社,2006
5. 邹益明,周亚庆.饭店战略管理[M].北京:旅游教育出版社,2006
6. 中国企业文化网,http://www.ce-c.com

模块三

酒店计划管理

模块说明

本模块中将学习酒店的计划管理共有两项任务：酒店计划的编制、目标管理。

本模块要实现的能力目标：

1. 能酒店计划编制的流程和方法。

2. 能酒店计划目标管理的流程和方法。

3. 能酒店文化建设的流程和方法。

教学建议

1. 设定情景，进行角色扮演：学生为某酒店总经理或部门经理，须进行酒店相关计划的制订。

2. 课前分配任务，小组准备并完成任务，课堂汇报，教师点评，学生互评。

3. 教师解析下一任务内容，核心技能与概念，布置新任务。

任务 **7**

酒店计划的编制

▶▶ 任务实施

酒店计划的编制流程如图 7-1 所示。

图 7-1 酒店计划的编制流程

7.1 评估酒店现状

在评估酒店现状时,对于长期计划或综合性计划,应对组织自身的优势和劣势、外部环境的机会和威胁进行综合分析,即 SWOT 分析。对于局部的作业性质的计划,一般不需要特别复杂和综合的内外部环境分析,但应对内部的资源与外部关系做出基本的判断。

(1)分析内部资源,主要应考虑酒店的财务状况、员工技能、技术水平,以及那些能反映酒店当前工作状况的信息资料。

(2)分析组织的外部关系,如与供应商之间的关系、与顾客之间的关系、与银行等公共群体之间的关系等。

7.2　确定计划目标

计划目标的确定,要包括以下内容。

(1) 确定目标主题,要看是哪类性质的目标,是扩大利润,提高顾客的满意度? 还是改进产品质量。

(2) 确定期望达到的数量或水平,如客房销售数量、部门管理培训的内容等。

(3) 确定可用于测量计划实施情况的指标,如销售额、接受管理培训的人数等。

(4) 确定时间期限,即要求在什么样的时间范围内达到目标。

7.3　预测酒店趋势

预测酒店趋势一方面要对计划工作的前提进行预测,如未来经营条件、销售量和环境变化,这是制订计划的依据和先决条件。另一方面对计划工作的结果进行预测,如对一项新投资所做的关于支出和收入的预测。

阅读讨论

2005 年 9 月 13 日中国香港迪斯尼乐园内的"迪斯尼好莱坞酒店"和"香港迪斯尼乐园酒店"正式开业,共有 1 000 间客房,迪斯尼好莱坞酒店有 600 间客房。其中迪斯尼乐园酒店有 400 间客房,酒店原定下午 3 时为旅客登记入住,但早 8 时多已有不少住客到达,希望先把行李安顿在房间内,以便第一时间入园游玩。酒店大堂未料到客人如此行为,在人手不足情况下,大堂出现长长人龙,其中以房间全部爆满的好莱坞酒店情况最为严重,一度聚集近 70 人排队领取房间。由于前台服务员对计算机订房系统操作不太熟悉,经常要向上级咨询,故拖慢了处理的时间,虽然全部 8 个柜位都开放,住客也要轮候约 1 小时才能领取房间。而迪斯尼乐园酒店情况稍好一点,平均只有 10 多人轮候,约半小时便完成手续。

讨论:酒店在开业计划管理方面有哪些问题? 如果你是高层管理人员,该如何处理这种情况?

7.4　拟定和选择可行性行动计划

根据不同类型的计划由相应部门拟定数个可行性行动计划。各部门对计划进行讨论和修改方可定稿。采用运筹学中的矩阵评价法、层次分析法等方法比较各种可行性行动计划的利弊,对各个计划进行评价。在对可行性行动计划进行评价后,要选择一个较为实际而合理的计划。该计划要求未知数较少,计划的每个步骤要能切合实际,实现计划所需的条件也与酒店的现实情况较接近,切实可行。

7.5　制订主要计划

作为一项管理文件要。将所选择计划用文字形式正式地表达出来。计划中要写明"5W1H"的内容。

7.6　制订派生计划

制订主要计划之后,计划工作并没有结束,还必须帮助涉及计划内容的各个下属部门制订支持总计划的派生计划。几乎所有的总计划都需要派生计划的支持保证,完成派生计划是实施总计划的基础。

7.7　编制预算

计划工作最后一步是把计划转化为预算,使之数字化,如项目预算、销售预算、采购预算等。

❖ 知识链接7-1 ❖

德尔菲法

德尔菲法是在20世纪40年代由O.赫尔姆和N.达尔克首创,经过T.J.戈尔登和兰德公司进一步发展而成的。德尔菲这一名称起源于古希腊有关太阳神阿波罗的神话。传说中阿波罗具有预见未来的能力。因此,这种预测方法被命名为德尔菲法。1946年,兰德公司首次用这种方法用来进行预测,后来该方法被社会迅速广泛采用。

德尔菲法也称专家调查法,是一种采用通信方式分别将所需解决的问题单独发送到各个专家手中,征询意见,然后回收汇总全部专家的意见,并整理出综合意见。随后将该综合意见和预测问题再分别反馈给专家,再次征询意见,各专家依据综合意见修改自己原有的意见,然后再汇总。这样多次反复,逐步取得比较一致的预测结果的决策方法。

德尔菲法的具体实施步骤如下所述。

(1) 组成专家小组。按照课题所需要的知识范围,确定专家。专家人数的多少,可根据预测课题的大小和涉及面的宽窄而定,一般不超过20人。

(2) 向所有专家提出所要预测的问题及有关要求,并附上有关这个问题的所有背景材料,同时请专家提出还需要什么材料。然后,由专家做书面答复。

(3) 各个专家根据他们所收到的材料,提出自己的预测意见,并说明自己是怎样利用这些材料并提出预测值的。

(4) 将各位专家第一次判断意见汇总,列成图表,进行对比,再分发给各位专家,让专家比较自己同他人的不同意见,修改自己的意见和判断。也可以把各位专家的意见加以整理,或请身份更高的其他专家加以评论,然后把这些意见再分送给各位专家,以便他们参考后修改自己的意见。

(5) 将所有专家的修改意见收集起来,汇总,再次分发给各位专家,以便做第二次修改。逐轮收集意见并为专家反馈信息是德尔菲法的主要环节。收集意见和信息反馈一般要经过三、四轮。在向专家进行反馈的时候,只给出各种意见,但并不说明发表各种意见的专家的具体姓名。这一过程重复进行,直到每一个专家不再改变自己的意见为止。

(6) 对专家的意见进行综合处理。

资料来源:MBA智库百科.http://wiki.mbalib.com

关键点控制

关键点控制表见表 7-1。

表 7-1　关键点控制表

关 键 点 控 制	细 化 执 行
1. 评估酒店现状	评估资料
1.1　对于长期计划或综合性计划进行 SWOT 分析	酒店市场评估报告
1.2　对于局部计划,对内部的资源与外部关系作出判断	资源判断
2. 确定计划目标	计划目标
3. 预测酒店趋势	酒店市场研究预测报告
4. 拟定和选择可行性行动计划	计划前期材料准备
4.1　拟定数个可行性行动计划	可选择方案
4.2　对计划进行讨论和修改	酒店计划可行性分析报告
4.3　评估计划	酒店经营计划评估报告
4.4　选定计划	计划文件
5. 制订主要计划	酒店经营计划书
6. 制订派生计划	部门计划
7. 编制预算	酒店经营预算表

阅读材料7-1

新饭店开业策划个案

1. 策划主题

中日合资嘉兴某宾馆开业策划书。

2. 策划目的

通过策划,以开业前后的活动为载体,将宾馆全方位地宣传出去,争取达到家喻户晓、人人皆知,广泛吸引消费者关注,为开业后宾客盈门、经营效益和社会效益达到设计效果打下良好基础。

3. 策划内容

(1) 确定宾馆经营规模与功能,突出人无我有的特色产品。具体包括如下。

本市首家中日合资宾馆;本市独家拥有桑拿浴与保龄球馆;走进"××",可提供食、宿、娱、康、会一条龙服务;服务员全部经过旅游专业理论和实践培训;位于市中心繁华地段,交通方便。

(2) 进行广告宣传。

① 确定形象广告语和定位广告语:"步入××,人生辉煌"、"××宾馆,高贵而不贵"。

② 确定辅助广告语。

③ 编制和制作适合不同宣传途径使用的不同形式的广告宣传资料。

④ 在开业前和后各一个月里,通过当地有影响力的广告宣传媒体做不同形式的广告宣传。

- 独家点播电视连续剧,插播形象广告和产品广告。
- 在家庭用户订阅众多的电视周报上刊登系列宣传广告和宾馆情况有奖征答栏目。
- 开业前一个月,设计、印制广告宣传单、册,组织营销部等人员到企业、机关、主要街口广为分发和邮寄。
- 开业前后二周内,在城市的主要街道悬挂过街广告横幅。
- 开业前一周用别出心裁的方式,在当地日报连续刊登递进式关联性悬念广告。
- 为使影响力辐射到周边地区,开业前一周,以彩车在五县二区主要街道行驶,宣传宾馆情况。
- 制造新闻热点(如项目特点、筹建中典型的好人好事、社会公益活动、开业对城市的意义等),主动提供新闻线索,争取做合法的免费广告宣传。
- 制作有宾馆标志的小纪念品,在营销活动和经营中赠送。

(3) 利用政府重视招商引资、支持合资项目的契机,在宾馆大门外举行隆重而热烈的开业典礼,邀请市领导及相关部门、单位和目标客户代表参加开业典礼。典礼仪式完毕,请到会人员参观宾馆经营设施,品尝宴会菜肴,体验宴会服务,进一步加强到会人员对宾馆产品的亲身感受,达到培育潜在客户和义务营销员的目的。

4. 活动时间安排表

(1) 开业前三个月,设计出开业典礼及后一个月的经营产品和经营方式。

(2) 开业前一个月,设计出典礼仪式程序与名单,列出各部门典礼用品清单并采购。

(3) 典礼前一周送发典礼请柬。

(4) 开业前三天,开始环境和绿化布置,张灯结彩。

(5) 开业典礼程序与时间安排。

5. 其他事宜

其他事宜主要包括预算与计划(主要反映整个开业典礼所需的人、财、物的详细预算和计划)、活动实施时注意事项、策划小结等。

实 战 训 练

到附近一家酒店餐饮部、客房部和营销部进行调查访问,找出这些部门经营中的优势以及存在问题,并据此制订以下部门年工作计划:餐饮部年度工作计划、客房部季度工作计划、营销部月度营销计划。

学 习 测 评

学习评价表见表7-2。

表 7-2 学习评价表

姓名		学号		班级	
任务		日期		地点	

任务开始时间: 年 月 日		任务完成时间: 年 月 日		
检测内容	系数	分值	得分	
1. 评估当前情况	1.5	15		
2. 确定计划目标	1.5	15		
3. 预测未来情况	1.0	10		
4. 拟定和选择可行性行动计划	2.0	20		
5. 制订主要计划	1.5	15		
6. 制订派生计划	1.5	15		
7. 编制预算	1.0	10		
合计	10	100		

认为做得好的地方:

认为最不满意的地方:

值得改进的地方:

自我评价:	非常满意	
	满意	
	不太满意	
	不满意	

互评:

师评:

第三方评价:

任务 **8**

目标管理

任务目标

1. 使用目标管理方法完成计划任务
2. 提高计划完成的效率和效果

知识准备

1. 目标管理的概念
2. 目标管理的优缺点
3. 目标管理的影响因素

▶▶ 任务实施

目标管理流程如图 8-1 所示。

图 8-1　目标管理流程

8.1　目标确立阶段

目标体系确立的程序如下。

（1）最高管理部门提出组织的总目标。最理想的目标体系应该从组织的最高管理部门开始,因为这容易得到最高管理部门的支持。但是,在最高管理层和下属部门把整套目标都制定出来后,一般还需要对其进行修正和调整。

（2）重新审议组织岗位结构和职责分工。根据主要目标和次级目标的要求,对组织与人事进行分析,建立或调整组织机构和人员配置,以便使每个目标都有人明确负责。

（3）确定下级目标。即根据组织的总目标要求,组织下级部门和人员进行学习和讨论,并依此设定下级自己的目标,进而把组织的总目标分解成具体的工作目标,层层落实到部门和每个职工身上。

（4）目标体系的整理和确立。上级和下级就实现各项目标所需的条件和目标实现后的奖惩达成协议。

阅读讨论

管理学家们曾经专门做过一次摸高试验。试验内容是把二十个小学生分成两组进行摸高比赛，看哪一组摸得更高。第一组十个学生，不规定任何目标，由他们自己随意制订摸高的高度；第二组规定每个人首先定一个标准，比如要摸到 1.60 米或 1.80 米。试验结束后，把两组的成绩全部统计出来进行评比，结果发现规定目标的第二组的平均成绩要高于没有制定目标的第一组。

摸高试验说明了什么道理？为什么会产生这样的现象？

8.2　目标实施阶段

这一阶段的工作内容主要包括：

（1）对下级按照目标体系的要求进行授权，授权时注意权责相对应，以保证每个部门和职工能独立地实现各自的目标。

（2）加强与下属交流意见，进行必要的指导，最大限度地发挥下属的积极性和创造性。

（3）严格按照目标及保证措施的要求从事工作，定期或不定期地进行检查。

（4）在目标实施的过程中如果遇到外界形势发生变化或企业内部因素变化或遭遇突发事件等情况，需根据实际情况进行目标的修正。

8.3　成果评估阶段

在达到预定期限时，上下级一起对目标的实施情况进行考核，客观地评估目标的完成情况，以目标完成情况为依据，按绩效状况奖惩，并找出取得成绩的原因和出现问题的教训，总结经验，为下一期目标管理工作的改进和提高奠定基础。成果评估主要包括目标实绩评估、完成过程评估和目标执行人评估。

评估可分两阶段进行：

（1）制定目标阶段。由上级和目标执行人共同讨论具体目标项目，针对目标项目设置具体评估项目，为每个项目确定数量化的评估标准，如重要性权重系数、完成程度的计算方法等。

（2）执行阶段。由目标执行人进行自我评估，并将评估结果进行记录，上报上级。上级根据记录等材料审定成绩，上报直属领导，领导根据公司财务报表及统计数据，参考相关单位的绩效评估，然后移交评估部，评估部将收到的资料汇总后，依事先确定的公式综合计算各单位的绩效和得分，报最高管理层核定，最高管理层核定后，公布结果。

◇◇◇ 知识链接8-1 ◇◇◇

SMART 原则

制订目标有一个"黄金准则"——SMART 原则。SMART 是 5 个英文单词的首字母汇总。好的目标应该能够符合 SMART 原则。

S(Specific)——明确性

所谓明确性就是要用具体的语言清楚地说明要达成的行为标准。明确的目标几乎是所有成功团队的一致特点。很多团队不成功的重要原因之一就因为目标定得模棱两可，或没有将目标有效地传达给相关成员。

例如，目标——"增强客户意识"。这种对目标的描述就很不明确，因为增强客户意识有许多具体做法，如减少客户投诉，过去客户投诉率是 3%，现在把它减低到 1.5%或者 1%。

M(Measurable)——衡量性

衡量性就是指目标应该是明确的，而不是模糊的。应该有一组明确的数据，作为衡量是否达成目标的依据。如果制订的目标没有办法衡量，就无法判断这个目标是否实现。

例如，"为所有的老员工安排进一步的管理培训"。进一步是一个既不明确也不容易衡量的概念，到底指什么？ 是不是只要安排了这个培训，不管谁讲，也不管效果好坏都叫"进一步"？

可做以下改进。准确地说，在什么时间完成对所有老员工关于某个主题的培训，并且在这个课程结束后，学员的评分在 85 分以上，低于 85 分就认为效果不理想，高于 85 分就是所期待的结果。这样目标变得可以衡量。

A(Acceptable)——可接受性

目标是要能够被执行人所接受的，如果上司利用一些行政手段，利用权力的影响力一厢情愿地把自己所制订的目标强压给下属，下属典型反映是一种心理和行为上的抗拒：我可以接受，但是否完成这个目标，有没有最终的把握，这个可不好说。一旦有一天这个目标真完成不了的时候，下属有一百个理由可以推卸责任：你看我早就说了，这个目标肯定完成不了，但你坚持要压给我。

R(Realistic)——实际性

目标的实际性是指在现实条件下是否可行、可操作。可能有两种情形：一方面，领导者乐观地估计了当前形势，低估了达成目标所需要的条件，这些条件包括人力资源、硬件条件、技术条件、系统信息条件、团队环境因素等，以至于下达了一个高于实际能力的指标。另一方面，可能花了大量的时间、资源，甚至人力成本，最后确定的目标根本没有多大实际意义。

例如，一位餐厅的经理定的目标是——早餐时段的销售在上月早餐销售额的基础上提升 15%。算一下知道，这可能是一个几千块钱的概念，如果把它换成利润是一个相当低的数字。但为完成这个目标的投入要花费多少？ 这个投入比利润更高。这就是一个不太实际的目标，它花了大量的钱，最后还没有收回所投入的资本，它不是一个好目标。有时实际性需要团队领导衡量。因为有时可能领导说投入这么多钱，目的就是打败竞争对手，所以尽管获得的并不那么高，但打败竞争对手是主要目标。这种情形下的目标就是实际的。

T(Timed)——时限性

目标特性的时限性就是指目标是有时间限制的。例如，我准备在 2005 年 5 月 31 日之前完成某事。5月31日就是一个确定的时间限制。没有时间限制的目标没有办法考核，或带来考核的不公。上下级之间对目标轻重缓急的认识程度不同，上司着急，但下面不知道。到头来上司可以暴跳如雷，而下属觉得委屈。这种没有明确的时间限定的方式也会带来考核的不公正，伤害工作关系，伤害下属的工作热情。

资料来源：SMART原则〔J〕.载管理与财富，2005(5)

关键点控制

关键点控制表见表8-1。

表 8-1 关键点控制表

关键点控制	细化执行
1. 制订目标	目标管理计划书
1.1 高层领导者预定目标	目标草案
1.2 审议组织结构和职责分工	组织结构图
1.3 确定下级目标	任务分解
1.4 目标的平衡和调整	目标调整
1.5 目标体系的整理和确立	目标体系图
2. 执行目标	目标管理制度
2.1 对下级按照目标体系的要求进行授权	有效授权
2.2 与下属交流意见，进行必要的指导	业务指导
2.3 按照目标及保证措施的要求从事工作	目标卡
2.4 定期或不定期地进行检查	目标管理时间进度表
3. 评价成果	成果评估报告
4. 实施奖惩	绩效奖惩制度
5. 制订新目标并开始新的目标管理循环	新目标

阅读材料8-1

让"目标管理"水到渠成

惠普公司创始人戴维·帕卡德在《惠普之道(The HP Way)》中说过：没有任何管理原则比"目标管理(Management by Objective)"原则对惠普的成功有如此大的贡献……将总体目标叙述得清清楚楚，并且征得大家的同意支持，在达成目标的过程中，员工在权限范围内，有自行决定最佳做事方法的弹性。这是分权管理的哲学，自由企业的精髓。在企业管理中，特别是在竞争激烈的高科技产业，实践目标管理并不容易。

首先，设定目标本身就是一件充满挑战的工作。关于这个问题，"SMART目标设定法"涉及的明晰(Specific)、可评测(Measurable)、可接受性(Acceptable)、与实际性(Realistic)和时限性(Timed)，仅仅是制订目标的几个最基本的原则。光有SMART是

不够的,设定目标时还需要掌握以下几个要点:

(1) 目标要具有关联性。任何组织、团队和个人的目标,都不能孤立于公司总体目标之外。在一个企业内部,每一个目标都要具备上下关联性,从而为企业的整体目标服务。

其次,目标要具备阶段性。一个终期目标需要由几个阶段性目标组成。这就好像驾驶飞机,需要把每一次长距离飞行任务,分解成几个航程,在每一个航程预定的结束时间,检查飞机的位置、状态和航向。通过这种方式,可以及时发现问题,进而解决问题。

最后不能只设定结果目标,还要设定过程目标。我们乘坐民航客机,都希望不仅准时抵达,而且不能有剧烈颠簸,不能陡升陡降,还要有好的空乘服务和机上饮食。在这里,准时抵达是结果目标,避免颠簸等就是过程目标。对企业来说,这就意味着不能为了结果目标如财务指标,放弃对过程目标的管理,这些过程目标包括客户满意度,团队合作效率,创新,遵守公司政策等。

结果与过程并重,人与事并重,分享与共识是实践目标管理的重要精神。

(2) 数据、检查和教导。有没有严谨、客观的数据采集系统,是目标管理法能否发挥作用的重要基础。就如同自由的前提是严谨的纪律,任何目标的实现,都需要配套的、有效的数据采集系统,用于说明过程目标的完成情况。定期的 GAP 检查与分析是实现目标管理法的一项利器。在企业管理中,任何一个结果,都不仅仅是期望的产物,而是期望加上检查的结果。

所谓差距分析法(GAP Analysis),就是站在未来某一时间节点上,分析计划目标和现实预期结果之间的差距,并且找到弥补差距的有效方法。在这个过程中,例如惠普的业务人员要在数据采集系统的帮助下,自己做出预测目标,给出严格的定量数据;再分析为什么预计目标与最终目标会存在差距,进而提出完成最终目标的方案、并对这一方案的可行性和风险做出分析。

"目标管理中"还要借助检查的结果对员工的工作进行总结和指导。在这个环节里,如何把握机会提供教导是关键。有时候,我们的确必须手把手指导员工做事的方法,但更多时候,我们要激发员工的脑力及主动思考能力,表现出色的要给予奖励;对于没有完成好任务的员工,应帮助他/她分析原因,激励员工克服困难,迈开脚步更好地完成工作。

面对激烈的市场竞争环境,目标管理可以最大限度发挥员工的主动性和创造性,设定并执行既定的目标,是培养员工领导力的重要途径。与此同时,数据采集系统、检查与沟通、GAP 分析、及时的教导与鼓励,这样才能最大限度地发挥目标管理的优越性。

资料来源:孙振耀.目标管理水到渠成〔J〕.载 IT 经理世界,2006(12)

实 战 训 练

选择任务—实战训练中所拟的一个计划任务制订出与之相适应的目标管理计划。

学 习 测 评

学习评价表见表 8-2。

表 8-2　学习评价表

姓名		学号		班级	
任务		日期		地点	
任务开始时间：		年　　月　　日	任务完成时间：	年　　月　　日	

检测内容	系数	分值	得分
1. 制订目标	2.0	20	
2. 执行目标	2.0	20	
3. 评价成果	2.0	20	
4. 实施奖惩	2.0	20	
5. 制订新目标并开始新的目标管理循环	2.0	20	
合计	10	100	

认为做得好的地方：

认为最不满意的地方：

值得改进的地方：

自我评价：	非常满意	
	满意	
	不太满意	
	不满意	

互评：
师评：
第三方评价：

拓 展 提 升

请阅读以下资料。

1. 彼得·德鲁克.管理的实践[M].北京:机械工业出版社,2009

2. 拉里·博西迪,拉姆·查兰.执行:如何完成任务的学问[M].北京:机械工业出版社,2008

3. 周志轩.目标管理与绩效考核[M].成都:时代出版社,2008

酒店管理
实务

模块四

酒店营销管理

模块说明

    本模块中,学生将学习酒店营销管理,共有三个任务,即酒店市场调研管理、酒店市场定位管理、酒店产品促销管理。

    本模块要实现的能力目标:

    1. 掌握市场问卷调查的设计方法,能够设计较为科学合理的调查问卷。

    2. 能运用酒店市场细分和定位理论和方法,进行酒店目标市场营销的实践和操作。

    3. 能够正确选择销售渠道,熟练运用各类促销手段进行促销策划。

教学建议

    1. 设定情景,进行角色扮演:教师为某酒店的重要客户,学生为该酒店营销部门的负责人或工作人员;或者教师为酒店管理者,学生为酒店营销部门工作人员。

    2. 课前分配任务,小组准备完成任务。课堂汇报,教师点评,学生自评,推选最优的营销方案。

    3. 教师解析下一任务内容,核心技能与概念,布置新任务。

任务 **9**

酒店市场调研管理

任务实施

酒店市场调研流程如图 9-1 所示。

图 9-1 酒店市场调研流程

9.1 确定酒店市场调研内容

酒店市场调研内容有以下方面。

1. 宏观环境的调研

宏观环境的调研内容包括：

(1) 调研政治、法律环境；

(2) 调研经济环境；

(3) 调研社会、文化环境；

(4) 调研技术环境；

(5) 调研人文环境；

(6) 调研自然环境。

2. 酒店行业及竞争者调研

酒店行业及竞争者调研内容包括：

(1) 竞争者属性；

(2) 竞争企业各类产品销售额；

(3) 竞争对手的产品；

(4) 顾客的评价；

(5) 竞争对手的销售渠道和销售策略；

(6) 竞争对手的促销策略；

(7) 竞争对手公共关系的状况；

(8) 广告、宣传的方法、频率、投入金额和渗透程度等；

(9) 人员推销的方法和推销活动的特性；

(10) 营销推广的方法；

(11) 服务人员的数量及素质。

3. 酒店市场供求与消费现状调研

酒店需要对市场的供求现状进行调研，掌握市场特性、规模及企业产品的需求总量、消费者的需求状况以及整个市场的供应能力等方面的情况，才能更有效地满足消费市场需求。调研内容包括：

(1) 市场特性；

(2) 市场规模及供求状况，包括现实需求和潜在需求；

(3) 可能销量的预测；

(4) 市场动向和发展性；

(5) 市场对产品销售的接受程度和抵抗程度；

(6) 市场增长率；

(7) 酒店及其产品的市场占有率；

(8) 市场上最大竞争者的市场占有率。

除了对市场供求情况进行调研之外，酒店还需要掌握消费者的需求结构及消费行为，明确酒店消费者对同类产品不同规模、不同档次等的需求状况，了解消费者的购买心理、购买动机、购买模式及购买习惯等，分析影响购买决策的主要因素。调研内容主要包括以下几个方面：

(1) 酒店消费者结构、分布；

(2) 酒店消费者的需求及其变化与发展趋势；

(3) 酒店消费者的购买方式、购买习惯及其变化；

(4) 酒店消费者的购买能力和购买行为；

(5) 酒店消费者的心理(好奇心理、怀古心理、求异心理、求安全的心理、求健康的心理、求舒适快乐的心理、满足自尊的心理、与人分享的心理、求知的心理、爱美追美的心理，等等)。

4. 酒店内部调研

酒店内部调研内容包括：

（1）酒店发展战略及使命；

（2）酒店内部资源；

（3）酒店业务组合及相互关系；

（4）酒店既往业绩与成功关键要素；

（5）酒店市场及本酒店目标市场的需求及发展趋势；

（6）本地区客源数量的现状及发展趋势，本地区酒店的总体规模、客房平均出租率、客房平均价格及其发展趋势；

（7）本酒店在竞争中的位置（将自己酒店的平均客房出租率、平均房价与本地酒店业的客房平均出租率、客房平均价格对比）；

（8）酒店的需求状况；

（9）酒店的管理机制与管理水平；

（10）酒店的接待条件与能力，包括人力、物力、财力等；

（11）酒店的交通条件；

（12）酒店设施状况，包括大厅、酒吧、客房、餐厅、会议室、多功能厅、停车场等的规模、数量、类别、布局、装修、式样、风格、新旧程度、气氛等；

（13）酒店产品的价格；

（14）酒店及各项产品的形象。

5. 营销组合调研

（1）调研产品。酒店产品调研从以下几个方面着手展开：

① 产品使用者的特征和需求；

② 潜在购买者的态度和偏好；

③ 各产品的行情好坏及其原因；

④ 产品的顾客层；

⑤ 产品组合及其占有率、利润率、销售贡献率；

⑥ 产品或品牌的知名度和忠诚度；

⑦ 对各产品的购买动机；

⑧ 产品顾客满意度；

⑨ 不同产品的购买习惯及变化；

⑩ 新产品的机会。

（2）调研分销渠道。内容包括：

① 分销渠道的选择；

② 分销渠道的变更；

③ 代理商的了解和选择；

④ 零售商的了解和选择。

（3）调研价格制订。内容包括：

① 价格设定；

② 折扣策略的制定；

③ 按价格划分市场。

（4）调研促销活动。内容包括：

① 促销的主要方面；

② 促销的方式和方法；

③ 推销人员管理情况；

④ 广告媒体的选择、广告策略、广告效果及费用等；

⑤ 营销推广策略的定位；

⑥ 公共关系时机的选择和策略的决定等。

阅读讨论

阙里宾舍的孔府文化

山东曲阜市有一家三星级涉外饭店——阙里宾舍，背依孔府，西邻孔庙。作为曲阜市的"国宾馆"，1986 年开业以来平均每年接待游客住宿与用餐达 50 万人次，下榻者达 8 万人次，其中外宾 5 万人次，每年都有 80 余批（次）中外政府首脑、政界要人、各国使团光临。宾舍浓郁的孔府文化背景深受国内外游客的欢迎。阙里宾舍经营者以得天独厚的孔府文化为核心，来指导宾舍的硬件设计和建设，营造宾舍的文化氛围，并提供相应的软件配套服务。海外报道称，阙里宾舍是一家"最中国式的饭店"。

你怎样看待阙里宾舍的成功？

9.2　酒店市场调研策划流程

市场调研是一个由不同阶段、不同步骤相互联系、相互衔接构成的一个统一的整体。市场调研策划流程通常分为九个步骤，分别贯穿于四个阶段之中。第一，调研策划的准备阶段，通过对内外环境及企业自身的分析提出调研问题并确定目标。第二，调研计划的设计阶段。第三，调研策划的实施阶段；第四，调研策划的结论阶段。

1. 调研策划的准备阶段

第一步，确定调研的必要性。并非每一项调研都有执行的必要，要清楚收集信息的原因，明确企业是否已拥有所需要的信息，是否有充裕的时间与资金进行调研并权衡调研收益与成本的关系，分析信息可获得程度的高低。

第二步，明确调研问题。在分析调研的必要性后，就要对调研的问题及主题加以确定。通常在正式调研之前都要进行一项非正式调研，又称探索性调研，即一种小规模的调研，目的是确切地掌握问题的性质和更好地了解问题的背景环境，以便节省调研费用、深入地了解调研问题、缩小调研范围。

第三步，确定调研目标。调研目标必须尽可能准确、具体并切实可行。

2. 调研策划的设计阶段

第四步，设计调研方案。调研方案的设计是指为实现调研目标而制定调研计划书，是调研项目实施的行动纲领。一份完整的调研方案通常包括确定资料来源、设计具体的调研内容、设定调研的时间表、确定调查对象和调研人员、说明调研预算等内容。

第五步，选择调研方法。营销策划的五种方法即文案法、问卷法、访问法、观察法和实验法。

第六步,选择抽样方法并设定样本容量。可采用随机的抽样或非随机抽样的方法进行调研。在选定抽样方法之后,就要根据抽样特点确定样本的容量。

3. 调研策划的实施阶段

第七步,数据采集。调研设计正式确定之后,接下来是进行数据采集,一般可以采取人员采集和机器记录两种数据采集方式。

4. 调研策划的结论阶段

第八步,撰写调研报告。调研报告是调查结束后的书面成果汇报,提出结论性意见及建议。调研包括通常包括三种形式:数据型报告(提供调查所得的数据);分析型报告(提供数据并进行分析);咨询型报告(不仅提供数据、分析结果,并在此基础上提供咨询方案)。调研报告通常包括三方面内容:前言、主体、附件。

(1) 前言,包括封面、授权书、目录、执行性摘要。

(2) 主体,包括引言、分析与结果、结论及建议、调研方法、局限性。

(3) 附录,包括调查问卷及说明、数据统计图表及详细计算与说明、参考文献及资料来源索引以及其他支持性材料。

第九步,跟踪反馈。为了更好地履行调研工作的职责,调研人员应持续关注市场变化情况,跟踪调研,不断地提高调研水平。

❖ 知识链接9-1 ❖

菲利普·考特勒的需求状况与营销管理见表9-1。

表 9-1　需求状况与营销管理

需求状况	特　征	市场营销管理任务
负需求	消费者不喜欢产品	通过重新设计、促销等方案来改变顾客的印象和态度
无需求	消费者对产品不感兴趣	想办法将产品功效和人们的需求与兴趣结合起来
潜在需求	没有产品满足现有需求	开发产品和服务,有效满足潜在需求
下降需求	需求量下降	改变产品特性、开发新市场、加强沟通来刺激需求
不规则需求	需求量有明显的淡旺季	通过灵活定价、促销来改变需求模式,使之平均化
充足需求	需求量已达厂家预期	提高产品质量、关注消费者的满意程度
过度需求	需求水平超厂家预期	通过提价、减少促销来减少需求
有害需求	对消费者有害(毒品等)	通过宣传其危害、减少购买机会等使公众戒掉它们

❖ 知识链接9-2 ❖

调查问卷的设计

1. 调查问卷的结构

调查问卷包括标题、问候语与填表说明、正文、被访问者背景资料、调研人员资料集问卷编号、结束语等内容。

2. 设计调查问卷的程序

设计调查问卷的程序如图 9-2 所示。

图 9-2 调查问卷的设计程序

关键点控制

关键点控制表见表 9-2 所示。

表 9-2 关键点控制表

关键点控制	细化执行
1. 确定酒店市场调研内容	调研内容
1.1 根据酒店实际需要,明确酒店市场调研目的	酒店调研的目的
1.2 根据酒店市场调研目的,确定酒店市场调研内容	酒店调研的内容
2. 在明确酒店市场营销内容的基础上,确立酒店市场调研流程	市场调研流程
2.1 根据酒店经营和管理的需要,确定调研的必要性	重视调研
2.2 分析调研的必要性,对调研的问题及主题加以确定	调研的问题及主题
2.3 设计调研方案,确定调研采用的方法和样本容量	市场调研的设计要求及方法
2.4 实施调研方案,进行数据采集	数据采集
2.5 根据调研所得数据,进行数据分析,并撰写调研报告	撰写调研报告

▌▌ 阅读材料9-1 ▌

酒店业需不断把握世界需求的新潮流

现代酒店经营的任务可用三句话来概括:一是要发现和创造顾客;二是顾客是为了酒店的承诺所吸引的;三是顾客是由于满意而忠诚的。显然,要完成好酒店的经营任务,关键是要把握好宾客的新需求。那么,营销人员一般应把握宾客哪些新需求呢? 我以为至少应把握以下两方面:世界需求新潮流;饭店主要客源市场的需求特点。在这里着重说明世界需求新潮流及酒店营销的新对策。

1. 青春化潮流

每个旅游者都希望自己像想象的那样年轻,特别是中老年旅游者更是如此。

2. 健身化潮流

西方旅游者,很怕因环境污染而损害健康。针对这种需求,饭店可以采取以下四项措施。

（1）在饭店里推销中医中药。

（2）改变菜单设计，增加蔬菜和豆制品。

（3）推销天然饮料和健身菜。

（4）推销健身用品、健身器材与健身俱乐部。

3. 发达国家的爱国热潮和发展中国家向发达国家看齐的热潮

针对这种需求，饭店在为外国旅游者服务时，要特别尊重他们的民族自豪感，如维也纳马里奥萨尔茨堡喜来登宾馆，在门厅上悬挂主要客源国的国旗。发展中国家则掀起了向发达国家看齐的热潮，针对这种需求，我们可以适当宣传我们是中外合资饭店、我们的产品是中外合资产品、我们的饭店是由国外著名饭店管理公司管理的等。

4. 非正式、非正规化潮流

例如，时装的休闲化、随意化、自由化，几乎想得出的、穿得出的都是时装。一个最典型的例子是牛仔裤可以一截二，裤上可以有破洞，裤边上可以有须线。这启发我们可以在饭店商场里销售各色时装，以满足着装的需求。

5. 回归自然

旅游者越来越追求阳光、海水、海滩、绿色植被、清新的空气和纯净的大自然。针对这种需求，饭店大堂可以配有自然采光的透明屋顶，设置由绿树环抱的花园咖啡厅，再加上瀑布或喷泉。

6. 追求奇观

旅游者越来越追求新奇、新鲜的经历，他们渴望暂时摆脱或改变一下自己已经习惯和厌倦的生活与工作环境。

7. 个性化服务

宾客到饭店来追求的是高气氛与高服务的产品，一般具有很强烈的自尊感，同时往往也具有各自独特的需要，我们要精心予以满足。要注意选用一批专业化的、富有同情心的、能提供个性化服务的员工来从事营销、服务工作，从根本上杜绝忽视顾客个性化需求此类现象的出现。

资料来源：qinshiopal666. 现代酒店的需求管理方法〔EB/OL〕. http://qinshiopal666. blog. 163. com/blog/static/57586973200822924949983/

实 战 训 练

1. 选择当地一家酒店，并设计一份以酒店特色为主题的调查问卷。
2. 搜集一家酒店的调查问卷，并对其结构、内容等进行评价。

学 习 测 评

学习评价表见表 9-3 所示。

表 9-3 学习评价表

姓名		学号		班级	
任务		日期		地点	

任务开始时间: 年 月 日		任务完成时间: 年 月 日		

检测内容	系数	分值	得分
1. 明确酒店市场调研目的	0.5	5	
2. 确定酒店市场调研内容	1.5	15	
3. 确立酒店市场调研流程	1.5	15	
4. 确定调研的必要性	0.5	5	
5. 确定调研的问题及主题	1.0	10	
6. 设计调研方案	2.0	20	
7. 确定调研采用的方法和样本容量	1.0	10	
8. 实施调研方案,进行数据采集	1.0	10	
9. 进行数据分析,并撰写调研报告	1.0	10	
合计	10	100	

认为做得好的地方:

认为最不满意的地方:

值得改进的地方:

自我评价:	非常满意	
	满意	
	不太满意	
	不满意	

互评:

师评:

第三方评价:

任务 **10**

酒店市场定位管理

任务目标

1. 满足酒店准备定位的需求
2. 优化酒店市场竞争战略
3. 提高酒店市场定位的成功率

知识准备

1. 了解市场细分的理论基础
2. 掌握目标市场定位的策略

▶▶ 任务实施

酒店市场定位管理流程如图 10-1 所示。

图 10-1 酒店市场定位管理流程

10.1 确定市场细分的标准

1. 按照人口因素进行市场细分

人口细分一般根据年龄、性别、收入、职业与教育水平、家庭规模、家庭生命周期、种族等对整体市场进行细分。

2. 按照地理因素进行市场细分

地理因素细分的具体变量可根据国家、地区、城市、农村、地形气候、交通运输等进行细分。

3. 按照心理因素进行市场细分

心理细分可按照顾客的生活方式、个性特点、购买动机、价值取向以及对商品供求局势和销售方式的感应程度等心理变量来细分酒店市场。

酒店顾客追求的利益是多种多样的，见表 10-1。

表 10-1　酒店顾客追求的利益

产品属性	核心利益	展现利益	附加利益
产品服务	房间、餐厅和其他消费场所	房间的舒适、餐厅气氛、员工仪容仪表	酒店服务人员的热情服务、免费的演出、餐厅宣传、现场 POP 等
地点效用	方便、易预订	接近商业中心、交通枢纽和风景名胜区	便捷而超值的服务
时间效用	方便客人的时间安排，24 小时不间断运行接待	节省时间，没有入住障碍	随时保证饭店、生活品采购等基本服务
心理感受	产生良好的感觉，尊重和协调的氛围	通过良好的气氛使客人感觉舒适、愉快	减少心理上的不协调
费用开支	价格合理，能适当给予优惠	价值与价格的关系，易支付	减少经济风险

10.2　酒店市场细分的程序

对酒店所面对的市场进行细分的程序如下。

（1）进行整体市场识别。整体市场识别要对庞大复杂的市场进行分析，选定产品和服务的市场范围。

（2）找出所选范围内所有的潜在消费者的全部需求。

（3）分析可能存在的细分市场。

（4）暂时确定各个细分市场。

（5）进一步分析了解各个细分市场。

（6）评估各个细分市场。

10.3　选择目标市场

酒店在各种细分市场中所选择并确定其作为自己营销对象的市场，酒店的目标市场通常往往是一个主目标市场与几个次目标市场的组合。

1. 确定目标市场的选择条件

确定目标市场要考虑目标存在尚未被满足的需求，即我们常说的寻找市场空缺。目标市场要有一定的人数规模，目标市场要有可进入性，要有盈利性。酒店营销的遵循的宗旨是"让顾客满意，使酒店获利"。

2. 根据酒店的规模档次、经营特点等确定自己的经营模式

（1）密集单一市场集中模式。酒店的目标市场高度地集中在一个市场上，只提供一类产品，只服务于一个客人群体。

（2）选择性专门化模式。酒店结合自己的长处，通过市场细分后，有选择地进入几个市场面，有选择地生产和销售能够满足以上市场客人的各种需求的产品。

（3）产品专门化模式。酒店突出提供一类产品，向各类客人销售。

（4）市场专门化模式。酒店针对特定的客人群体，生产和销售他们所需的各种产品。

（5）全面进入模式。酒店为所有细分市场生产各种不同的产品，分别满足各类客人的不同要求，希望尽量覆盖整个市场。

阅读讨论

酒店目标市场的选择

假设酒店的经营费用（包括公关、广告、代理、中介等各种费用）是相同的，在这个前提下，酒店目标市场的盈利性就决定于目标市场的营业收入。目标市场的营业收入可以用一个公式来表示：

目标市场营业收入＝客源人次×客源人均停留天数×客源人均天消费额

据此，我们可以把客源市场大体分为四类。A类客源市场——人次多或人均停留天数长而且人均天消费额又高。B类客源市场——人均天消费额高但是人次不多或人均停留天数不长。C类客源市场——人次多或人均停留天数长但是人均天消费额不高。D类客源市场——人次不多，或人均停留天数不长，而且人均天消费额不高。

酒店如何根据自己的规模档次来选择适合的目标市场？

10.4　明确酒店的市场定位

酒店根据目标市场上同类产品竞争状况，针对顾客对该类产品某些特征或属性的重视程度，为本酒店产品塑造强有力的、与众不同的鲜明个性，并将其形象生动地传递给顾客，让顾客认同。市场定位的主要任务就是在酒店市场上，让顾客从心里记住酒店的品牌。酒店市场定位的工作内容主要有以下几点：

（1）明确目标市场客人的关键利益；

（2）明确目标市场的竞争形式及酒店竞争的优势、劣势；

（3）确定酒店产品的特色；

（4）树立酒店市场形象；

（5）有效地向目标市场传播自己酒店的市场形象和产品特色；

（6）巩固市场形象。

知识链接10-1

酒店市场细分的原因

酒店市场细分的主要原因就是为了有效地使用酒店各种营销费用及资源。另外，市场细分之所以必要，是因为它还能帮助营销人员回答以下问题：

（1）谁（Who），指酒店应针对哪一些客源市场。

（2）什么（What），指这些客源市场中的消费者需要什么样的产品和服务。

（3）怎样（How），指酒店如何进行各种合适的营销活动来最有效地满足顾客的需要和要求。

（4）哪里（Where），指酒店在哪里向顾客宣传自己的产品和服务。

（5）何时（When），指酒店在什么时候宣传和促销自己的产品和服务。

（6）为何（Why），指酒店要明确消费行为的动机或影响其行为的因素，即了解消费者为何做出购买行为。

资料来源：邓新华. 现代酒店服务与管理（第一版），[M]. 长沙：湖南师范大学出版社，2000

关键点控制

关键点控制表见表 10-2 所示。

表 10-2　关键点控制表

关键点控制	细化执行
1. 确定对整个客源市场进行分类的各种标准	确立酒店具体的细分标准
2. 运用各种标准对客源市场进行细分	细分后的市场符合市场细分原则
2.1　根据各种标准将整个客源市场细分成各个子市场	子市场
2.2　正确认识已细分子市场的特点	细分市场的特点
3. 选择符合酒店营销目标要求的细分市场	选择合适目标市场营销模式
4. 明确酒店的市场定位	明确市场定位的主要内容

阅读材料10-1

细分市场永不停息——万豪酒店

万豪针对不同的细分市场成功推出了一系列品牌：Fairfield（公平）、Courtyard（庭院）、Marriott（万豪）以及 Marriott Marquis（万豪伯爵）等。在早期，Fairfield（公平）是服务于销售人员的，Courtyard（庭院）是服务于销售经理的，Marriott（万豪）是为业务经理准备的，Marriott Marquis（万豪伯爵）则是为公司高级经理人员提供的。后来，万豪酒店对市场进行了进一步的细分，推出了更多的旅馆品牌。

在"市场细分"这一营销行为上，"万豪"可以被称为超级细分专家。在原有的四个品牌都在各自的细分市场上成为主导品牌之后，"万豪"又开发了一些新的品牌。在高端市场上，Ritz-Carlton（丽思·卡尔顿）酒店为高档次的顾客提供服务方面赢得了很高的赞誉并备受赞赏；Renaissance（新生）作为间接商务和休闲品牌与 Marriott（万豪）在价格上基本相同，但它面对的是不同消费心态的顾客群体。Marriott 吸引的是已经成家立业的人士，而"新生"的目标顾客则是那些职业年轻人。在低端酒店市场上，万豪酒店由 Fairfield Inn 衍生出 Fairfield Suite（公平套房），从而丰富了自己的产品线；位于高端和低端之间的酒店品牌是 Towne Place Suites（城镇套房）、Courtyard（庭院）和 Residence Inn（居民客栈）等，他们分别代表着不同的价格水准，并在各自的娱乐和风格上有效进行了区分。

伴随着市场细分的持续进行,万豪又推出了 Springfield Suites(弹性套房)——比 Fairfield Inn(公平客栈)的档次稍高一点,主要面对一晚 75 至 95 美元的顾客市场。为了获取较高的价格和收益,酒店使 Fairfield Suite(公平套房)品牌逐步向 Springfield(弹性套房)品牌转化。

通过市场细分来发现市场空白是"万豪"的一贯做法,正是这些市场空白成了万豪酒店成长的动力和源泉。万豪一旦发现有某个价格点的市场还没有被占领,或者现有价位的某些顾客还没有被很好地服务,它就会马上填补这个"空白"。一个多品牌的公司有完全不同的理念—公司的信心建立在对目标顾客需求的了解之上,并有能力创造一种产品或服务来满足这种需求。顾客的信心并不是建立在"万豪"这个名字或者其服务质量上,其信心基础是"旅馆是为满足顾客的需求而设计的"。

资料来源:芮新国. 市场细分用不停息——来自万豪酒店的启示〔J〕. 载财政与管理,2000(7)

实 战 训 练

1. 针对当地一家酒店进行市场细分和市场定位分析。
2. 选择当地一家酒店,为其设计一份新产品推广的调查问卷。

学 习 测 评

学习评价表见表 10-3 所示。

表 10-3　学习评价表

姓名		学号		班级	
任务		日期		地点	
任务开始时间:　　　　年　　月　　日			任务完成时间:　　　　年　　月　　日		
检测内容			系数	分值	得分
1. 确定客源市场进行细分标准			2.0	20	
2. 运用各种标准对客源市场进行细分			2.5	25	
3. 全面认识细分出来的子市场			1.0	10	
4. 明确选择目标市场			2.5	25	
5. 明确酒店的市场定位			2.0	20	
合计			10	100	

认为做得好的地方:

认为最不满意的地方:

值得改进的地方:

续表

自我评价：	非常满意	
	满意	
	不太满意	
	不满意	
互评：		
师评：		
第三方评价：		

任务 **11**

酒店产品促销管理

任务目标

1. 满足酒店对产品促销的需要
2. 优化酒店产品促销管理
3. 提高酒店产品促销的成功率

知识准备

1. 了解促销组合的内容与特点
2. 掌握各种促销方式的优势和不足

▶▶ 任务实施

酒店产品促销管理流程如图 11-1 所示。

图 11-1　酒店产品促销管理流程

11.1　建立酒店销售渠道

1. 建立酒店直接营销渠道

根据酒店市场细分、内外环境,建立符合酒店发展的直接营销渠道。

2. 建立酒店间接营销渠道

酒店间接营销渠道的建立,可以通过以下途径实施:

(1) 旅行社;

(2) 交通运输行业;

(3) 旅游局;

(4) 联营组织,包括合作性酒店集团、自发的酒店协会和特许权经营集团;

（5）各类酒店代表和设置在车站、码头、机场代酒店办理业务的销售点；

（6）各种俱乐部和协会；

（7）与酒店签约的单位和可用信用卡结算的银行；

（8）国际酒店预订系统。

3．评估酒店间接营销渠道

对酒店间接营销渠道的评估，内容包括（参见表 11-1）：

（1）单位时间内是通过直接销售渠道获得销售量高还是通过间接销售渠道获得的销售量高一些？各自占总销售额的比例是多少？

（2）直接销售渠道和间接销售渠道的费用各是多少？各自的利润率是多少？

（3）直接销售渠道和间接销售渠道创造的利润各是多少？

（4）每个中间商的销售额是多少？费用是多少？利润是多少？利润率是多少？

（5）每个中间商的市场信息反馈能力和态度怎样？

（6）对每个中间商的预订和实际销售状况进行定性标准量化分析。

表 11-1　中间商评估表

项　目	分值			得分
	0	1	2	
预订客房数	<100 间	100～250 间	>250 间	
餐饮销售额	<5 000 元	5 000～10 000 元	>10 000 元	
预订季节	旺季	全年	淡季	
房价	免	团队	标准价	
停留天数	1 夜	2 夜	>2 夜	
销售渠道		旅行社	直接	
回头次数	1 次/年	2～4 次/年	>5 次/年	
会议室使用	高	一般	低	
预订取消率	高	一般	低	
预订提前时间	<6 个月	6～12 个月	>12 个月	
资信情况	差	一般	好	
付款方式	根据账单发票	入店登记时	预付	

资料来源：邓新华．现代酒店服务与管理（第一版）[M]．长沙：湖南师范大学出版社，2000

4．与间接营销商建立良好业务关系

尽力为中间商推销本酒店的产品提供良好的条件，及时与中间商进行信息沟通，采用销售激励措施，及时支付佣金，同时加强收款清算工作，做好客人入店后的服务工作，重点是抵、离店时的服务工作、行李服务工作。

11.2　选择合适的促销组合

1．选择适当的促销组合方式

（1）酒店人员推销。酒店推销人员直接访问顾客，通过自己的努力去吸引和满足购买者的各种需求,推销产品,并说服其购买,并使双方能从公平交易中获取各自的利益。

(2)酒店产品广告。酒店通过各种媒体采取艺术手段和非人际传播方式,传播酒店及其产品信息,塑造品牌形象以满足消费者需求,主要种类有印刷品广告、电子媒体广告、户外广告、邮寄广告、售点广告等。

(3)酒店公共关系。酒店企业为了在公众中树立良好的形象而组织实施的各项双向信息沟通活动。

(4)酒店营业推广。酒店运用各种短期诱因,鼓励购买或销售产品的促销活动。主要包括以下4类:向消费者推广的方式、向中间商推广的方式、向企业用户推广的方式、向销售人员推广的方式。

2.评估促销方法和组合

(1)促销目标。每种促销工具——广告、人员推销、销售促进和人员推广——都有各自独有的特性和成本。营销人员必须根据具体的促销目标选择合适的促销工具组合。

(2)产品性质。由于产品性质的不同,消费者及用户具有不同的购买行为和购买习惯,因而企业所采取的促销组合也会有所差异。

(3)市场条件。市场特点受每一地区的文化、风俗习惯、经济政治环境等的影响,促销工具在不同类型的市场上所起作用是不同的,所以我们应该综合考虑市场和促销工具的特点,选择合适的促销工具,使它们相匹配,以达到最佳促销效果。

(4)促销预算。酒店为了某一特殊的目的,把特定的一段时期内促销活动所需开支的费用详细列明。

(5)经济前景。酒店应随着经济前景的变化,及时改变促销组合。例如,在通货膨胀时期或者发生一些特殊事件时,购买者的反应会不一样,酒店应采取不同的对策。

阅读讨论

经济型连锁酒店同时开展促销　花费百元即可入住

注册即送 50 元抵用券,入住天天抽奔驰 Smart、苹果 iPad 大奖……优惠、大奖这样的字眼,第一次出现在了经济型酒店的促销中。进入"后会展时代",各品牌经济型酒店将更加着眼于拉动客人的消费,同时提升品牌形象,以此来增加加盟投资收益。怎样看待经济型酒店开展的促销活动?

11.3　确立酒店的促销过程

1.确立酒店的促销过程

(1)确定促销的目标对象;

(2)确定促销目标效果;

(3)设计促销信息;

(4)选择促销媒介。

2. 在以下促销媒介中作出选择

（1）平面视觉类媒体,包括报纸广告;杂志广告;酒店 POP 广告;旅游指南广告;其他类,如年历、日历广告,招贴广告、路牌广告、车船广告等。

（2）听觉媒体和视觉媒体,主要包括电视、广播等,网络媒体广告。

3. 促销效果测定

促销过程完成后,对促销效果进行测定。

知识链接11-1

广告促销方案的实施

广告促销方案主要包括五个主要步骤,可以简称为五个"M"。

广告目标是什么（Mission）;广告费用是多少（Money）;传递什么广告信息（Message）;利用什么广告媒体（Media）;怎样评估广告效果（Measurement）。

知识链接11-2

市场营销"4Ps"理论和"4Cs" 理论

1. "4Ps"理论

产品（Product）:注重开发的功能,要求产品有独特的卖点,把产品的功能诉求放在第一位。

价格（Price）:根据不同的市场定位,制定不同的价格策略,产品的定价依据是企业的品牌战略,注重品牌的含金量。

渠道（Place）:企业并不直接面对消费者,而是注重经销商的培育和销售网络的建立,企业与消费者的联系是通过分销商来进行的。

促销（Promotion）:企业注重销售行为的改变来刺激消费者,以短期的行为（如让利,买一送一,营销现场气氛等）促成消费的增长,吸引其他品牌的消费者或导致提前消费来促进销售的增长。

2. "4Cs"理论

顾客（Customer）:强调企业应该把追求顾客满意放在第一位,研究顾客的购买行为,更好地满足顾客的需要;更注重对顾客提供优质的服务。

成本（Cost）:顾客在购买某一商品或服务时,除耗费一定的资金外,还要耗费一定的时间、精力和体力,这些构成了顾客总成本。

方便（Convenient）:最大程度地便利消费者,是目前处于过度竞争状况的企业应该认真思考的问题。

沟通（Communication）:企业为了创立竞争优势,必须不断地与消费者沟通。

关键点控制

关键点控制表见表 11-2。

表 11-2 关键点控制表

关键点控制	细化执行
1. 建立酒店销售渠道	选择适当的销售渠道
2. 制定最佳的促销组合,以最大程度满足客人的需求	促销组合的评估
2.1 在促销的目标对象确定之后,调查研究目标对象的特征和需求	分析需求
2.2 有针对性地采取有效的促销方式	促销方式
2.3 富有针对性的设计促销信息	促销信息
2.4 选择合适的促销媒介	选择合适的媒介
2.5 促销活动实施后,测定市场促销活动的效果	测定促销效果

阅读材料11-1

酒店促销手段五花八门

为了保持其119间客房全部住满,位于威尼斯海滩的 Erwin 酒店为它那些非主流的客户提供了一个非比寻常的推广产品——"文身＋住宿",其中包含价值100美元的文身和一瓶止痛的龙舌兰酒。在圣地亚哥的 HardRock 酒店,只要预订"HardRockandaHog"产品的客人都可以乘坐 Harley-Davidson 摩托车环游整个城市,外加两晚免费住宿。但从酒店的特殊待遇来说,很难有人可以与洛杉矶的四季酒店相媲美。因为只要您住进四季酒店,就可以免费使用奔驰、保时捷和宝马,并且可以自由更换。

随着美国酒店业正在与20多年以来最严峻的一次金融危机作斗争,酒店经理们都在采取超乎寻常的折扣优惠和提供创造性的促销活动来吸引生意。有些产品为客人提供了很大的节约,而另一些纯粹是为了宣传来提高知名度。

促销和打包产品一直是酒店行业的主打,特别是在经济增长缓慢的阶段。但是业内专家表示,现在更多的酒店都是依赖特别的打包产品和促销活动在这个经济低迷时期苟延残喘的。就拿洛杉矶的 WilshireGrand 酒店来看,那里夏季的房价是与洛杉矶市中心的高温紧密联系的。在"击败热浪"交易中,如果温度最高达到华氏87度,平时需要支付119美元的房间,客人只需要支付87美元。但是在那些旅游业受到经济危机重创的地方,比如说拉斯维加斯、达拉斯、新奥尔良等,这些地方的酒店管理人员更加急切地想要填满房间,所以这里的酒店价格更加优惠。

比如说拉斯维加斯希尔顿酒店,购买了"自由翱翔"的产品,您可以在酒店住两个晚上,同时获得任何航空公司往返航班300美元的优惠券、100美元的餐饮优惠券、两顿免费早餐外加两次免费的鸡尾酒会。当减去这些附加部分,其实酒店房间每晚只需要花费49美元左右。开展所有这些促销活动,其中一个主要的原因就是酒店所有者想利用这些活动来吸引客户,同时不削减房价——在经济复苏时期酒店一旦尝试着提高房价时,会带来强烈的客户反弹。

资料来源:来自美国的消息:为保证入住率,酒店促销手段五花八门〔EB/OL〕. http://shenzhen42b. blog. 163.com/blog/static/1672825262010103448446226/

实 战 训 练

1. 选择一家经济型酒店,策划其年度促销方案。
2. 为一家五星级酒店策划客房产品的促销方案。

学 习 测 评

学习评价表见表 11-3 所示。

表 11-3 学习评价表

姓名		学号		班级	
任务		日期		地点	
任务开始时间: 年 月 日			任务完成时间: 年 月 日		
检测内容		系数	分值	得分	
1. 建立酒店促销渠道		1.5	15		
2. 酒店促销需求分析		1.5	15		
3. 选择有效的促销方式,设计促销信息		3.0	30		
4. 选择合适的促销媒介		2.5	25		
5. 测定市场促销活动效果		1.5	15		
合计		10	100		

认为做得好的地方:

认为最不满意的地方:

值得改进的地方:

自我评价:	非常满意	
	满意	
	不太满意	
	不满意	

互评:

师评:

第三方评价:

拓 展 提 升

请阅读以下资料。

1. 何建民. 我国饭店业营销管理的黄金规则(二十条)〔N〕. 载中国旅游报,

2008-01-10

2. 蔡文浩,孙泽等.现代饭店业市场营销[M].北京:经济日报出版社,2007

3. 邓新华.现代酒店服务与管理[M].长沙:湖南师范大学出版社,2000

4. 高南林.营销策划实务[M].北京:北京交通大学出版社,2009

5. 丹尼·G.拉瑟福德.饭店管理与经营[M].大连:东北财经大学出版社,2006

6. 约瑟夫·米歇利.金牌标准——丽思卡尔顿酒店如何打造传奇客户体验[M].徐臻真译.北京:中信出版社 2009

酒店管理
实务

模块五

酒店人力资源管理

模块说明

本模块中,学生将学习酒店人力资源管理,共有任务四个,即酒店员工招聘、酒店员工培训、酒店的激励管理、酒店员工绩效考评。

本模块要实现的能力目标:

1. 能进行酒店员工的招聘。

2. 能组织酒店员工的培训。

3. 能有效激励酒店员工。

4. 能对酒店员工绩效考评。

教学建议

1. 设定情景,进行角色扮演:教师为某酒店总经理或人力资源部经理,学生为该酒店人力资源部主管或工作人。

2. 课前分配任务,小组准备并完成任务,课堂汇报,教师点评,学生互评。

3. 教师解析下一任务内容,核心技能与概念,布置新任务。

任务 **12**

酒店员工招聘

任务目标

1. 满足酒店对人力资源的需求
2. 优化内部人力资源配置
3. 提高人员招聘的成功率

知识准备

1. 掌握各种招聘渠道的优势和不足
2. 了解劳动力市场的供需状况

任务实施

酒店员工招聘流程如图 12-1 所示。

图 12-1　酒店员工招聘流程

12.1　审核用人需求

1. 申请

酒店用人部门应提前 30 天填报部门人员申请表，说明招聘岗位、需求人数、性别、年龄及学历要求、用工种类（正式工、临时工、季节工、培训生）等情况。

2. 审核

经人力资源部经理核准后，进行公开招聘，同时由人力资源部将部门人员申请表的副本交还用人部门，表明此申请已被接受。

3. 汇总

人力资源部对各部门提出的用人需求进行汇总,形成正式的酒店年度人员需求表。

12.2　招聘准备

1. 明确招聘要求

招聘人员应做到以下几点。

(1) 因事设职,因岗择人。

(2) 先店内,后店外;先本市,后外地。

(3) 公开招聘,平等竞争,择优录用。

2. 明确员工来源

员工可以从劳务市场招聘,也可以联系学校实习生,还可以从传真、信件的个人资料中择优录用。

3. 选择招聘方式

一般来说,常见的招聘方式有:

(1) 通过网络、报纸等刊登招聘广告。

(2) 参加人才市场组织的现场招聘会。

(3) 参加学校毕业生招聘会。

(4) 求职者登门自荐。

(5) 内部调动。

> **阅读讨论**
>
> 　　某饭店招聘前台服务员若干名,招聘要求:女,20～25 岁,身高 162 厘米以上,五官端正,身体健康,××市户口,两年以上工作经验,大专以上学历等。你觉得这些要求都是有必要的吗? 饭店在员工招聘中应如何有效选择人员?

4. 组织初步面试

人力资源部负责组织实施初步面试。即负责选择初试场地、进行场地布置、确定初试方案。

5. 通知初步面试

人力资源部通知应聘者参加初步面试,准确表述初试时间、地点和所需要准备的资料。

12.3　实施招聘

1. 初试

(1) 应聘者到达应聘地点后领取并填写职位申请表,同时附近期免冠照片一张及相关资料参加初步面试。

(2) 人力资源部文员检查表内各项内容是否有漏填或错填。

(3) 人力资源部主管或经理对应聘者进行初步考察,主要通过面谈的方式进行。面谈结束后,人力资源部主管或经理将面谈结果填入职位申请表中。

（4）初试考核包括以下要点：

① 应聘者的基本信息，需提供的全部资料包括身份证、学历及专业资格证明、工作履历证明等。

② 对应聘者的临场表现作出公正的面试评估，并将意见填写到职位申请表上，以作为第二次面试的参考资料之一。

2. 复试

（1）人力资源部将初试合格的应聘者的资料和已填写意见的职位申请表转交至用人部门经理。

（2）相关部门根据部门用人要求对初试合格人员的资料进行审核。

（3）用人部门对初试合格者进行复试，并将复试结果填入职位申请表中。

（4）职级在主管或以上的职位应聘者，在经过用人部门经理面试合格后，会转由酒店总经理或其授权者作第三次面试，面试后同样需要在职位申请表上填写最后面试意见，并及时将表格返还人力资源部。

（5）各部门经理与各行政管理人员不可私自保留任何已面试的职位申请表和应聘者的个人资料。

12.4　作出录用决策

1. 收回职位申请表，分类存放

人力资源部收回所有职位申请表后，将部门录用、备用及不予录用的职位申请表分类存放。

2. 办理相关手续

人力资源部按用人部门的录用意见，办理相关手续。倘若所填意见为"考虑"，人力资源部需把职位申请表存于候补档案内；倘若所填意见为"不合格"，人力资源部须把职位申请表存于否决申请的档案内。

（1）人力资源部根据用人部门的用人时间通知应聘者到酒店指定卫生防疫部门做体格检查。

（2）凡面试十级或以上的行政管理层岗位的合格应聘者与敏感性岗位（如出纳、收银员、采购、收货与仓库管理员的任何职级岗位）的应聘者，必须接受人事调查。

（3）人事调查工作由人力资源部负责执行，并由人力资源部经理代表酒店向应聘者曾工作过的单位发出人事调查函。必要时，人力资源部经理可派人或联同用人部门的管理人员做实地调查。

（4）参与调查工作的负责人需填写人事调查报告表，并向人力资源部经理提交人事调查报告做审核。

3. 通知

人力资源部向应聘者发出录取通知或不被录用通知。

12.5　签订劳动合同

员工入职时即与酒店签订劳动合同，一式三份，一份酒店备案、一份交员工留存、一份存入员工档案(经理级以上人员由财务部保存)。

12.6　办理入职手续

1. 填写到任通知书

全部入职员工通知完毕后,人力资源部填写员工到任通知书,注明员工姓名、性别、职位、职级、到职日期等,交用人部门,以便做好迎新工作。

2. 新员工报到

新员工必须按规定时间到人力资源部报到,人力资源部确认新入职员工的身份后,为员工办理入职手续,办理以下所需个人资料。

(1) 本人户籍所在公安机关出具的无犯罪记录证明。如应聘者是各类学校当年应届毕业生,应由所在学校公安处(科)出具无不良记录证明。如应聘者为非本市户口人员,需提供原居住地公安机关出具的无犯罪记录证明或由本地人士作为担保人写出担保信,及担保人提供的本地公安机关出具的无犯罪记录证明。

(2) 工作履历证明。

(3) 酒店指定卫生防疫部门出具的体检证明及体检报销单据。

(4) 近期一寸免冠照片两张,其中一张用于制作员工证,另一张备存。

3. 发放用品

人力资源部向新员工发放下列物品:

(1) 员工名牌、员工证。

(2) 更衣柜钥匙。

(3) 制服领用表。

(4) 安排员工宿舍(需倒班时)。

知识链接12-1

酒店员工从业素质要求

从事酒店服务的员工,因为工作环境特殊,除须具备良好的专业知识、职业技能外,还应具备下列素质。

(1) 职业道德。职业道德是指酒店行业的从业人员在职业生活中应遵循的行为原则和基本规范,是职业素质的重要构成因素。酒店员工应具有的职业道德为敬业爱岗、勤奋工作、无私奉献、诚实守信、遵纪守法、文明礼貌、真诚公道、信誉第一等。

(2) 酒店服务意识。服务意识是指酒店员工表现出的热情、周到、主动为客人提供良好服务的意识和行为,是提高酒店服务质量的关键。只有具备良好的服务意识才能给顾客提供热情周到的服务,培养顾客忠诚度。万豪酒店创始人马里奥特认为"生活就是服务,我们时时刻刻都生活在为别人服务和被别人服务的环境当中"。

(3) 沟通交流能力。酒店的人际关系较为复杂,在酒店服务中员工需要处理好与客人、同事、上下级之间的关系,这需要酒店员工具有较强的交流沟通意识,掌握交际沟通的原则,具备良好的沟通交流的技巧与能力,积极地与同事、上下级交流,及时化解人际关系中的误解与矛盾,学会倾听不同的意见、建议。服务过程中出现一些问题也需要员工用恰当的方式方法主动去沟通协调,才能有效地进行工作,取得事业成功。

(4) 酒店外语应用能力。随着旅游业发展,外宾的数量快速增长,酒店对员工外语应用能力的要求大大提高。酒店员工应具备较强的英语应用能力,掌握酒店的各个主要部门岗位常用服务和交流英语,有较强的英语口头表达能力,能自如地应对国外客人。

(5) 合作能力。酒店产品是团队协作的结果,酒店工作需要各部门以及员工的密切合作才能实现。酒店员工只有具备良好的合作能力,与上下级、同事相互支持、密切配合,相互协作、相互尊重,酒店才会有较强的凝聚力和战斗力。

关键点控制

关键点控制表见表12-1。

表 12-1　关键点控制表

关键点控制	细化执行
1. 人员需求分析	需求分析
1.1　人力资源部根据人力资源规划对酒店现有人力资源状况进行分析	分析现状
1.2　各职能部门向人力资源部提出人员需求信息,人力资源部进行汇总	人力资源需求表
2. 明确招聘岗位和要求	岗位分析文件、表单
3. 制订招聘计划	酒店年度招聘计划书
4. 发布招聘信息	酒店招聘广告信息
5. 应聘资料筛选	应聘人员简历及相关证件、资料
6. 初试和面试	考核
6.1　人力资源部对所有应聘人员进行初试,从人力资源管理的角度进行初步筛选	应聘人员登记表
6.2　各用人部门对经过人力资源部初步筛选的应聘人员进行复试,重点考察应聘人员的专业知识和能力	筛选人员
7. 作出录用决策	录用
7.1　人力资源部对初试和复试的结果进行综合评价,确定拟录用人员名单	拟录用人员名单
7.2　人力资源部将拟录用人员名单交人力资源部经理审核,经总经理审批签字后确定最终录用人员名单	录用人员名单
8. 发出录用通知	录用通知书
9. 签订劳动合同	劳动合同
10. 办理录用手续	录用手续

阅读材料12-1

西餐厅沦为酒店"培训学校"(节选)

"最近我们一直在招服务员,没办法,人手严重不足!"上海一家西餐厅老板向记者抱怨道。据了解,近段时期,由于新建酒店不断挖人,导致西餐厅的一线服务员和厨师处于严重短缺状态。

线上线下同步招聘。登录招聘网站,映入记者眼帘的是一长串酒店招聘名单。每家酒店的岗位清单中,中西餐厅经理/服务员、中/西餐厨师、领位员、咖啡/酒吧服务员、调酒师都是目前最紧缺的职位,招聘人数甚至不设上限。

很多酒店除了发布网络招聘信息外,专场招聘会几乎是每场必到。记者曾在多场旅游、酒店人才招聘会现场看到,已开业和在建的酒店都在扎堆招聘。与这些星级酒店同场"抢人"的还有很多高级餐厅,如外滩3号、莫尔顿西餐厅、BARBAROSSA LOUNGE 西餐酒吧、和伊授桌餐饮管理(上海)公司等,招聘需求也都集中在餐饮服务、厨师、收银、酒吧等一线岗位。

"最近一段时间,酒店招聘实在是太猛烈了,"Stiller's 西餐厅负责人 Philip 先生有些无奈地说。近几个月,很多新建酒店扎堆招聘,岗位多,招聘量大,对西餐厅的冲击不小,他的餐厅已经走了好几位服务员了。

据了解,由于酒店招聘规模大,加上工作环境优于餐厅,对业内人员来说,在就业选择上,酒店的确具有一定的吸引力,这就造成与 Stiller's 遭遇同样境遇的西餐厅不在少数。

Philip 先生说,高星级酒店服务员所需的基本素质是形象好、反应快、懂外语、擅表达、殷勤热情、懂得礼仪,而能够满足以上条件的员工在人才市场上很难招聘到。"西餐厅的员工不仅符合上述条件,而且具有一定的工作经验,且综合素质要高于普通快餐厅,刚好是这些酒店的最佳人选。"

的确,采访中记者也了解到,对于需求量最大的餐饮服务与厨师等岗位,酒店更倾向拥有几年工作经验的成熟人才,而西餐厅在员工的选拔与聘用方面,刚好与酒店的任职门槛相符,直接从西餐厅挖墙脚,已经成为酒店招揽人才的一条新途径。

资料来源:梁杰西餐厅沦为酒店"培训学校"〔N〕. 载新闻晨报,2010-06-21

实 战 训 练

1. 南京一家四星级酒店拟招聘厨师长一名,工程部经理一名,客房、餐饮、前厅一线服务人员各4名。假如你是酒店人力资源部经理,该如何招聘?

2. 李俊是国内一家知名连锁饭店集团公司的总经理。就在前几天出了一件让他非常棘手的事情。场部经理小卞由于个人原因向公司提交了辞呈,虽经公司多次挽留,仍然没有改变他的决定。公司急需任命一位市场部经理来代替他,但是李俊和公司其他部门的负责人讨论了几天,也没有达成一致的意见。李俊认为现任市场部副经理韩少不错,可以接替。却遭到其他人的强烈反对,人事部负责人首当其冲:"韩少有很强的分析能力,在环境变化时能很快适应,但我认为他太强势,甚至有点刚愎自用,很少听取别人的意见。如果由他当市场部经理,下面会怨声载道。而且,他只有高中文化程度,下面的人多数都是大学毕业生,让一个没有什么学历的人来担任经理他们会服气吗?"销售部负责人也插言:"韩少干得的确不错,但是过分的热心和乐观令人感到有点不安,这有可能导致他无法进行正确开展实际的市场调查和研究工作。"李俊又想到了市场部另一位副经理肖凌,和韩少不同,肖凌做事不张扬,为人非常随和,最擅于团结下属,手下人会很好地跟他团结在一起,办起事来也很有韧劲,在工作上肖凌的表现也很不错。但李俊还是犹豫不定,因为肖凌有时心太软,手下有几位表现很差的销售员,按理说应该辞掉,可肖凌却不忍心这样做。这两天,又有人透露给他一个消息:竞争对手某饭店集团的市场部经理王汶最近与老板闹翻了,正要辞职不干。我们何不趁此机会把她挖过来呢?她的能力我们都清楚,绝对没有问题。李俊听后,觉得也是一个办法。但考虑后,又觉得不太妥当。王汶虽然是一位难得的人才,但她能否很快熟悉本公司的业务,理顺各种关系,有效地开展工作呢?外来的和尚不一定就会念经。再说,这样做很可能会挫伤本公司市场部门人员的积极性。

　　如果你是李俊,你会选择谁?如果选择王汶,又有哪些利弊?

学 习 测 评

　　学习评价表见表12-2。

表 12-2　学习评价表

姓名		学号		班级		
任务		日期		地点		
任务开始时间:		年　月　日	任务完成时间:		年　月　日	
检测内容			系数	分值	得分	
1. 人员需求分析			1.0	10		
2. 明确招聘岗位和要求			1.5	15		
3. 制订招聘计划			1.0	10		
4. 发布招聘信息			0.8	8		
5. 应聘资料筛选、初试和面试			2.2	22		
6. 做出录用决策			1.5	15		
7. 签订劳动合同			1.0	10		
8. 办理录用手续			1.0	10		
合计			10	100		
认为做得好的地方:						
认为最不满意的地方:						
值得改进的地方:						
自我评价:			非常满意			
			满意			
			不太满意			
			不满意			
互评:						
师评:						
第三方评价:						

酒店员工培训

1. 满足酒店对员工培训的需求
2. 优化酒店员工培训途径
3. 提高人员培训的效果

知识准备

1. 掌握各种培训的优势和不足
2. 了解培训市场的供需状况

▶ 任务实施

酒店员工培训流程如图 13-1 所示。

| 调研行业趋势 | → | 制定管理目标 | → | 选择管理模式 | → | 管理模式创新 |

图 13-1　酒店员工培训流程

13.1　确定培训组织结构及其职责

（1）总经理为培训工作总负责人，审批培训工作计划，监督培训执行。

（2）人力资源部全面负责酒店员工培训工作，包括培训需求分析、培训计划制订、培训机构组织、培训计划实施、培训效果评估等。

（3）各部门经理为部门培训工作负责人，负责组织和落实培训事宜。

（4）全体员工应认真执行酒店规定的培训项目。

13.2　分析培训需求

1. 培训需求分析内容

培训需求分析是实施培训的第一步，也是决定培训效果的重要环节。培训需求分析的内容如表 13-1 所示。

表 13-1　培训需求分析内容一览表

分析内容	分析要点
战略分析	年度发展战略、年度经营目标、年度财务预算
人力资源系统分析	配备培训资源,建立培训体系
重大突发事件分析	确定事件影响
职位分析	明确职位职责
现存问题分析	发现问题原因
员工业绩分析	绩效结果反馈
职业发展需求分析	突出培养重点

2. 培训需求分析的开展

(1) 各部门向人力资源部提供培训需求的信息和资料。

(2) 人力资源部对酒店外部相关单位和人员进行培训需求的调研。

培训需求调查表见表 13-2。

表 13-2　培训需求调查表

部门：　　　　　　　　　　　　　　　　　　　填写日期：　　年　　月　　日

姓名		入职日期		出生年月	
职位		已受培训		培训时间	
对目前所受培训的满意程度					
期望培训内容和方式					
培训内容	培训方式 □光盘　□授课　□情景模拟 □脱产　□考察　□其他			培训时数	
1. 酒店规章制度和工作流程培训					
2. 酒店礼仪培训					
3. 财务知识培训					
4. 服务技能培训					
5. 公关技巧培训					
6. 办公自动化操作知识培训					
7. 卫生、消防安全知识培训					
8. 其他业务知识培训					
备注					

13.3　确定培训形式

1. 培训形式种类

培训项目的种类见表 13-3。

表 13-3　培训形式一览表

培训对象	培训形式
基层管理人员和员工	课程、讲座、开展竞赛、拓展训练等
中层管理人员	工作轮换、多层参与管理、在职辅导、管理培训班、脱岗教育等
高层管理人员	高级研习班、研讨会、报告会、自学、酒店间高层交流、热点案例讨论、MBA、EMBA 等

2. 确定培训形式

（1）人力资源部培训主管根据酒店的经济实力和发展阶段确定适合的培训形式。

（2）人力资源部培训主管根据培训的不同对象，确定不同时期所要达到的培训目标。

13.4　制订培训计划

（1）人力资源部培训主管根据培训目标和形式形成详细、全面的培训计划。培训计划包括培训课程、培训教师、培训对象、培训时间、培训地点、费用预算等。

（2）各部门对培训计划的内容提出意见和建议。

（3）拟订的培训计划需上报酒店总经理进行审核、签字。

13.5　实施培训

（1）参加培训员工根据培训计划准时参加培训，并填写签到表。

（2）培训教师负责考勤表的填写，并向人力资源部进行汇报。

（3）人力资源部对培训过程中出现的各类问题进行协调和沟通，如培训教师缺席、培训经费不足等，确保培训任务的完成。

（4）人力资源部培训主管定期将培训的实施情况向人力资源部经理进行汇报。

（5）建立员工培训档案见表 13-4 和表 13-5。

表 13-4　员工培训记录表

编号：　　　　　　　　　　　　　　　　　　　　　　日期：　　年　　月　　日

姓名		所属部门		出生年月	
职位		培训时间		培训类别	
培训内容					
培训方式					
培训考勤					
培训考核结果					
人力资源部意见				主管签字：	
所在部门意见				主管签字：	

表 13-5　员工培训档案表

档案编号：　　　　　　　　　　　　　　　　　　　　填写日期：　　年　　月　　日

姓名		部门		出生年月	
职位		专业		入职时间	
培　训　情　况						
序号	培训项目	培训内容	培训时间	培训方式	考核纪律	考核得分	备注

13.6　评估培训效果

1. 评估目的

依据培训的目的和要求,运用一定的评估指标和评估方法,找出受训者有哪些收获或提高,检查和评定培训的效果。

2. 评估检查

人力资源部培训主管负责对培训效果进行总结性的评估或检查见表 13-6。

3. 评估项目及评估内容

（1）项目评估内容包括培训需要的评估、培训效果的评估、培训效率的评估、培训人员的工作评估等。其中,对培训人员的工作评估包括对培训学员、培训教师和培训工作组织者的评估等。

（2）对培训学员的评估包括两个方面:培训教师在课程进程中对学员的评估;学员在学习后,学员的直接主管对学员工作岗位的指导性跟踪评估。

表 13-6　培训效果评估表

档案编号：　　　　　　　　　　　　　　　　　　　　填写日期：　　年　　月　　日

姓名		部门		培训项目名称	
评估对象	评估内容		评估结果		
课程	课程实用性				
	课程时间合理性				
	课程难易程度				
讲师	讲授方法				
	讲授技巧				
	讲授风格和技巧				
培训环境	培训场地设置				
	培训设施配置				
	后勤服务				
总体评价					
培训改进建议					

知识链接13-1

培训评估实施方法

1. 动态评估法

动态评估就是把有关的人和事放到培训的整个过程中进行检测评估,既要看原有基础,又要看目前情况,更要看发展潜力和趋势。

2. 比较评估法

比较评估法包括纵向比较评估和横向比较评估两方面。

(1) 纵向比较是将评估对象放在自身发展过程中,进行历史的和现实的比较,看其发展的相对位置是进步了还是退步了,其效果是增强了还是削弱了。

(2) 横向评估的操作方式是在评估对象的集合中,选取一个或若干个对象作为参照,然后把各个评估对象和所选参照体进行比较,分出高低、好坏等级,再按先后顺序。

3. 问卷评估法

问卷评估法就是对一些评估指标通过问卷的方式直接向评估对象了解。问卷的设计必须满足以下条件。

(1) 与培训目标紧密相连。

(2) 与受训者的培训内容有关。

(3) 包括培训的一些主要因素,如培训教师、培训场地、培训教材、培训组织等主要环节。

(4) 评价结果易量化。

(5) 能鼓励受训者真实反映结果。

资料来源:侯光明.人力资源管理[M].北京:高等教育出版社,2009

关键点控制

关键点控制表见表 13-7。

表 13-7 关键点控制表

关键点控制	细化执行
1. 人员培训需求分析	需求分析
1.1 人力资源部根据人力资源规划对酒店现有人力资源状况进行分析	现状分析
1.2 各职能部门提出人员培训需求信息,人力资源部进行汇总	培训需求汇总表
2. 明确岗位和要求	培训所需文件、表单
3. 制订培训计划	年度培训计划书
4. 发布培训信息	酒店培训信息
5. 实施培训	员工培训档案表
5.1 人力资源部对所有培训人员进行培训	培训考勤表
5.2 协调和沟通培训中各类问题,确保培训任务完成	员工培训记录表
6. 评估培训效果	培训效果评估表

某酒店年度培训计划见表13-8。

表 13-8   某酒店年度培训计划

序号	培训课程	课程目标	培训对象	课时	培训方法	培训讲师	培训费用预算
1	如何提高团队执行力	建立团队共识，打造高绩效团队，提升工作效率，快速满足宾客的合理需求	管理者、督导员、优秀员工	6	讲授	总经理	全年培训经费预算（略）
2	服务礼仪规范	提升酒店员工的整体素质和服务水平，塑造文明礼貌的职业形象，培养爱岗敬业的职业道德，以礼仪促规范	全体员工	4	讲授	培训讲师	
3	消防安全知识	熟悉酒店消防设备使用，掌握初起火灾的扑救方式，提高消防安全意识	全体员工	10	讲授案例式	安全部经理	
4	上岗证及资格证培训	熟练掌握岗位基本理论知识，顺利通过从业资格考试，获取考试合格证书，从而领取从业资格证，提升服务水平	无资格证人员	60	培训机构定	院校或培训机构	
5	新员工入职培训	使新员工对酒店有全方位的了解，对酒店半军事化管理做好上岗后的思想准备	新员工	12	讲授实地参观	培训讲师	
6	设施设备维护保养	掌握酒店设施设备维护保养的具体做法，学习各种设备的节能要点	全体员工	4	讲授	工程部经理	
7	…	…					

实 战 训 练

1. 你作为一家经济型酒店人力资源主管，酒店目前经营效益欠佳，顾客投诉较多，员工工作积极性不高，同时部分员工服务技能和服务能力以及管理者管理方法也存在缺陷。你该如何应对？

2. 请根据前面培训情况，制定员工培训考核办法、培训课程评估表，对培训情况做出评估。

学 习 测 评

学习评价表见表13-9。

表 13-9 学习评价表

姓名		学号		班级		
任务		日期		地点		
任务开始时间：			年 月 日	任务完成时间：	年 月 日	
检测内容				系数	分值	得分
1. 培训需求分析				2.5	25	
2. 明确培训形式				1.5	15	
3. 制订培训计划				2.0	20	
4. 实施培训				2.2	22	
5. 评估培训效果				1.8	18	
合计				10	100	

认为做得好的地方：

认为最不满意的地方：

值得改进的地方：

自我评价：	非常满意	
	满意	
	不太满意	
	不满意	

互评：

师评：

第三方评价：

任务 **14**

酒店的激励管理

▶▶ 任务实施

酒店员工激励流程如图 14-1 所示。

图 14-1　酒店员工激励流程

14.1　激励需求分析

激励需求分析包括酒店员工物质需求分析、酒店员工精神需求分析、酒店员工动态激励需求分析。

14.2　确定激励目标和激励机制

1. 了解酒店系统目标

在确定激励目标之前,须先了解酒店系统目标。

2. 设置激励目标

酒店激励管理目标的设置应考虑以下几个方面。

（1）目标应该具体化。

（2）要阐明目标的社会价值并和个人利益相联系。

（3）目标既要有一定难度又要有实现的可能性。

（4）让完成目标的人参与目标设置。

（5）要对达到目标的进程有及时、客观的反馈信息。

3. 建立激励机制

（1）目标管理。酒店目标管理有四个要素：目标具体化（明确、具体描述预期的成果）；参与决策（制订工作目标时，所有群体成员共同制订目标及规定如何衡量目标实现程度）；限期完成（规定目标完成期限和每一阶段任务完成期限）；绩效反馈（不断给予员工目标实现程度的反馈，使员工及时地进行自我督促和行为矫正）。

（2）行为矫正。行为矫正的理论基础是强化管理。它分为五个步骤：

① 确认与绩效有关的行为。

② 测量有关的行为。

③ 确认工作行为的情景因素。

④ 拟订并执行一项策略性干预措施。

⑤ 评估绩效改进的情况。

（3）参与管理。通过员工的参与决策可以让更多的人有所贡献，彼此协商后产生的决定，各方面都能致力推行。参与管理可以使参与者对做出的决定有认同感，有利于决策的执行，可以提供工作的内在奖励，使工作更有趣、更有意义。

（4）绩效薪酬制。绩效薪酬制可将酒店员工绩效与报酬相结合。

（5）弹性福利制。酒店应允许员工在各种可能的福利方案中选择自己所最需要的。

（6）弹性工作制。在工作时间固定的前提条件下，灵活地选择工作的具体时间。

（7）酒店员工工作轮换。

（8）工作扩大化。酒店在横向水平上增加员工工作任务的数目或变化性，使工作多样化，但工作的难度和复杂程度并不增加。

（9）工作丰富化。酒店在纵向上赋予员工更复杂、更系列化的工作，鼓励员工参与工作的规则制订、执行、评估，使员工有更大的自由度和自主权。

4. 激励机制的维护

建立激励机制后，应根据实施情况对激励机制进行适当的修订和完善。

14.3　选择激励方法

选择激励方法的步骤如下。

（1）确定激励原则；

（2）制订激励方案；

（3）筛选激励方案；

（4）激励方案实施。

14.4　实施激励和监控

实施激励和监控的过程如下。

（1）确定员工激励的时机。

（2）选择员工激励的频率。

① 对于工作复杂性强，比较难以完成的任务，激励频率应当高，对于工作比较简单、容易完成的任务，激励频率就应该低。

② 对于任务目标不明确、较长时期才可见成果的工作，激励频率应该低；对于任务目标明确、短期可见成果的工作，激励频率应该高。

③ 对于综合素质较差的工作人员，激励频率应该高；对于综合素质较好的工作人员，激励频率应该低。

④ 在工作条件和环境较差的部门，激励频率应该高；在工作条件和环境较好的部门，激励频率应该低。

（3）确定激励程度。

（4）建立中长期激励。

（5）实行多样化、差异化激励。

14.5　评估激励效果

评估激励效果的过程如下：

（1）调查酒店员工激励效果。

（2）设计激励效果评估指标体系。

（3）综合评价激励效果评估。

14.6　反馈与调整

实施员工激励后，应根据激励效果和评估情况对激励机制进行适时调整和完善。

知识链接14-1

激励理论

管理学上有代表性的激励理论，主要有以下几种。

（1）期望理论。最具代表性的是弗洛姆（V. H. Vroom）的"期望理论"认为，一个目标对人的激励程度受两个因素目标效价和期望值影响。

（2）目标设置理论。在弗洛姆之后，美国管理学家 E. 洛克（E. A. Locke）和休斯（C. L. Huse）等人又提出了"目标设置理论"。概括起来，主要有三个因素：目标难度、目标的明确性、目标的可接受性。只有当职工接受了组织目标，并与个人目标协调起来时，目标才能发挥应有的激励功能。

（3）行为主义激励理论。这个理论认为，管理过程的实质是激励，通过激励手段，诱发人的行为。在"刺激—反应"这种理论的指导下，激励者的任务就是去选择一套适当的刺激即激励手段，以引起被激励者相应的反应标准和定型的活动。新行为主义者斯金纳在后来又提出了操作性条件反射理论。这个理论认为，激励人的主要手段不能仅仅靠刺激变量，还要考虑到中间变量，即人的主观因素的存在。

（4）认知派激励理论。这些理论都着重研究人的需要的内容和结构，以及如何推动人们的行为。激励的目的是要把消极行为转化为积极行为,以达到组织的预定目标,取得更好的效益。在激励过程中重点研究如何改造和转化人的行为。所以,只有改变外部环境刺激与改变内部思想认识相结合,才能达到改变人的行为的目的。

(5)综合型激励理论。行为主义激励理论强调外在激励的重要性,而认知派激励理论强调的是内在激励的重要性。综合性激励理论则是这两类理论的综合、概括和发展,它为解决调动人的积极性问题指出了更为有效的途径。心理学家勒温提出的场动力理论是最早期的综合型激励理论。这个理论强调,对于人的行为发展来说,先是个人与环境相互作用的结果。外界环境的刺激实际上只是一种导火线,而人的需要则是一种内部的驱动力,人的行为方向决定于内部系统的需要的强度与外部引线之间的相互关系。波特和劳勒于 1968 年提出了新的综合型激励模式,将行为主义的外在激励和认知派的内在激励综合起来。在这个模式中含有努力、绩效、个体品质和能力、个体知觉、内部激励、外部激励和满足等变量。

(6)内容性激励理论。这种理论着眼于满足人们需要的内容,即人们需要什么就满足什么,从而激起人们的动机,重点研究激发动机的诱因。其主要包括马斯洛的"需要层次论"、赫茨伯格的"双因素论"、麦克莱兰的"成就需要激励理论"和奥德弗的 ERG 理论等。

(7)过程型激励理论。过程型激励理论重点研究从动机的产生到采取行动的心理过程,主要包括海德的归因理论和亚当斯的"公平理论"等。

资料来源:MBA 智库百科.http://wiki.mbalib.com

关键点控制

关键点控制表见表 14-1。

表 14-1　关键点控制表

关键点控制	细化执行
1. 激励需求分析	需求分析
1.1　人力资源部对酒店员工物质需求状况进行分析	物质需求汇总表
1.2　人力资源部对酒店员工精神需求状况进行分析	精神需求汇总表
1.3　人力资源部对酒店员工动态激励需求状况进行分析	动态激励需求表
2. 确定激励目标和激励机制	激励目标和激励机制
2.1　确定激励目标	激励目标
2.2　建立激励机制	激励机制
3. 选择激励方法	激励方法
4. 实施激励和监控	激励和监控
5. 激励效果评估	激励效果评估表
6. 反馈与调整	激励效果反馈表

实 战 训 练

1. 设计当地某四星级酒店一线员工的下一年度激励方案。
2. 选择一家知名酒店集团,调查其激励机制。

学 习 测 评

学习评价表见表14-2。

表 14-2　学习评价表

姓名		学号		班级	
任务		日期		地点	
任务开始时间:		年　月　日	任务完成时间:	年　月　日	
检测内容		系数	分值		得分
1. 激励需求分析		2.2	22		
2. 建立激励机制		1.8	18		
3. 选择激励方法		2.0	20		
4. 实施激励和监控		2.5	25		
5. 评估激励效果		0.5	5		
6. 反馈与调整		1.0	10		
合计		10	100		

认为做得好的地方:

认为最不满意的地方:

值得改进的地方:

自我评价:	非常满意	
	满意	
	不太满意	
	不满意	

互评:

师评:

第三方评价:

酒店员工绩效考评

1. 总结经验,完善人力资源管理工作
2. 员工形成对企业的归属感
3. 开发员工潜力,提高绩效

知识准备

1. 绩效考评与绩效管理的区别
2. 绩效评估的原则
3. 有效绩效管理系统标准

▶ 任务实施

15.1 制订考核计划

酒店员工绩效考评流程如图 15-1 所示。

1. 明确考核的目的和对象

(1)明确绩效考核的目的及重点。酒店绩效考核的核心是促进酒店获利能力的提高及综合实力的增强,其实质是做到人尽其才,使人力资源作用发挥到极致。

(2)考核主体,即由谁对不同的被考核人进行考核评价。

(3)考核频率,即不同的被考核人分别在什么周期内进行考核。

2. 选择考核内容和方法

(1)确定考核内容。一般情况下从绩效、态度、能力三个维度思考。绩效包括任务绩效、周边绩效、管理绩效。态度包括积极性、协作性、责任心、纪律性;能力包括能力素质和专业知识技能。绩效考核的内容基本上可以从业绩、态度、能力、潜力、适应性五个方面着手。

图 15-1　酒店员工绩效考评流程

（2）选择考核方法。

（3）确定考核周期。

15.2　进行技术准备

绩效考核是一项技术性很强的工作。其技术准备主要包括确定考核标准、选择或设计考核方法以及培训考核人员。

（1）构建绩效指标体系。内容包括：

① 明确酒店战略；

② 建立酒店策略性目标；

③ 分解酒店部门目标；

④ 形成员工可量化指标；

⑤ 形成部门和员工绩效指标；

⑥ 指标筛选与定义；

⑦ 指标权重分配；

⑧ 指标标准界定。

（2）模拟实施指标体系。酒店人力资源管理部门根据初定的绩效指标，进行模拟实施，验证其效果。

（3）指标体系的调整与沟通。根据模拟实施过程中存在的问题，及时调整绩效考评体系,做好沟通并完善绩效考评体系,上报酒店高层领导等待审核。

(4) 审核调整后的指标体系。

(5) 正式实施指标体系。酒店人力资源部实施通过审核的考评体系,并对酒店所有部门发放相关资料,进一步宣传,为下一步培训做好准备。

(6) 选拔和培训考核人员。

(7) 收集被考评人员资料信息。收集资料信息要建立一套与考核指标体系有关的制度,并采取各种有效的方法来达到。

15.3　做出分析评价

(1) 确定单项的等级和分值。

(2) 对同一项目各考核来源的结果综合。

(3) 对不同项目考核结果的综合。

① 各级主管组织员工撰写述职报告并进行自评。

② 所有员工对本人在考评期间内的工作业绩及行为表现(工作态度、工作能力)进行总结,核心是对照企业对自己的职责和目标要求进行自我评价。

③ 部门主管根据受评人日常工作目标完成程度、管理日志记录、考勤记录、统计资料、个人述职等,在对受评人各方面表现充分了解的基础上,进行客观、公正的考核评价,并指出对受评人的期望或工作建议,交上级部门主管审核。如果一个员工有双重直接主管,由其主要业务直接主管负责协调另一业务直接主管对其进行考评。

④ 各级主管负责抽查间接下属的考评过程和结果。

⑤ 人力资源部负责收集、汇总所有考评结果,编制考评结果一览表,报公司考评委员会审核。考评委员会听取各部门的分别汇报,对重点结果进行讨论和平衡,纠正考评中的偏差,确定最后的评价结果。

⑥ 人力资源部负责整理最终考评结果,进行结果兑现,分类建立员工绩效考评档案。

(4) 控制考核误差。绩效考核误差可以分为两类:一类与考核标准有关,一类与主考人有关。

① 考核标准方面的问题,包括考核标准不严谨、考核内容不完整。

② 主考人方面的问题,包括晕轮效应、宽严倾向、平均倾向、近因效应、首因效应、个人好恶、成见效应。

15.4　考核结果反馈

(1) 考核结果反馈面谈。双方共同制定可行的绩效改进计划和个人发展计划,提高个人及组织绩效。

① 主管负责与下属进行绩效面谈。当直接主管和员工就绩效考核初步结果谈话结束后,员工可以保留自己的意见,但必须在考评表上签字。员工若对自己的考评结果有疑问,有权向上级主管或考评委进行反映或申诉。

② 对于派出外地工作的员工,反馈面谈可由该员工所在地的直接主管代为进行。

（2）设置考核申诉程序。

（3）人力资源部对绩效考评成效进行总结分析，并对以后的绩效考评提出新的改进意见和方案，规划新的人力资源发展计划。

15.5　绩效考评结果评估诊断

（1）作为阶段性的绩效考评，效果的评估要有明确的指标来衡量。

（2）通过信度和效量的测试检验考评的结果，保证其资料与信息的可靠性与准确性。

（3）以考核的完成率来评估考核体系的设计完善程度和反映各方面的利益与权责程度。

（4）以考核面谈所确定的行动记录来分析目前工作的贴近度和员工参与程度。

（5）通过考核结果的书面报告，分析是否有具体事例说明上下级之间存在的争议性和差距。

（6）从参与考核与被考核人员的态度和角色入手，分析他们对绩效考评的认识、理解和所持态度。

（7）从企业阶段性业绩中检查部门与员工目标完成情况和做出符合实际的比较。

（8）通过合适的调研以检验绩效管理后员工的心态、观念、认识到行动的认同和素质变化。

（9）从员工的异动状况检验绩效管理带给员工的是积极与有效，还是被动、滞后和压力。

（10）通过员工绩效满意度和合理化建议的内容，分析企业文化构成气氛和凝聚力程度。

知识链接15-1

绩效考核方法

绩效考核主要有以下几种方法。

（1）图尺度考核法（Graphic Rating Scale，GRS），是最简单和运用最普遍的绩效考核技术之一，一般采用图尺度表填写打分的形式进行。

（2）交替排序法（Alternative Ranking Method，ARM），是一种较为常用的排序考核法。其原理是在群体中挑选出最好的或者最差的绩效表现者，较之于对其绩效进行绝对考核要简单易行得多。因此，交替排序的操作方法就是分别挑选、排列的"最好的"与"最差的"，然后挑选出"第二好的"与"第二差的"，这样依次进行，直到将所有的被考核人员排列完全为止，从而以优劣排序作为绩效考核的结果。交替排序在操作时也可以使用绩效排序表。

（3）配对比较法（Paired Comparison Method，PCM），是一种更为细致的通过排序来考核绩效水平的方法，它的特点是每一个考核要素都要进行人员间的两两比较和排序，使得在每一个考核要素下，每一个人都和其他所有人进行了比较，所有被考核者在每一个要素下都获得了充分的排序。

（4）强制分布法（Forced Distribution Method，FDM），是在考核进行之前就设定好绩效水平的分布比例,然后将员工的考核结果安排到分布结构中。

(5)关键事件法(Critical Incident Method,CIM),是一种通过员工的关键行为和行为结果来对其绩效水平进行绩效考核的方法,一般由主管人员将其下属员工在工作中表现出来的非常优秀的行为事件或者非常糟糕的行为事件记录下来,然后在考核时点上(每季度或者每半年)与该员工进行一次面谈,根据记录共同讨论来对其绩效水平做出考核。

(6)行为锚定等级考核法(Behaviorally Anchored Rating Scale,BARS),是基于对被考核者的工作行为进行观察、考核,从而评定绩效水平的方法。

(7)目标管理法(Management by Objectives,MBO),目标管理法是现代社会更多采用的方法,管理者通常很强调利润、销售额和成本这些能带来成果的结果指标。在目标管理法下,每个员工都确定有若干具体的指标,这些指标是其工作成功开展的关键目标,它们的完成情况可以作为评价员工的依据。

(8)叙述法。在进行考核时,以文字叙述的方式说明事实,包括以往工作取得了哪些明显的成果,工作上存在的不足和缺陷是什么。

资料来源:袁庆宏. 绩效管理[M]. 天津:南开大学出版社,2009

关键点控制

关键点控制表见表 15-1。

表 15-1 关键点控制表

关键点控制	细化执行
1. 制订考核计划	考核计划
1.1 人力资源部明确考核的目的和对象	个人胜任职位要求
1.2 各职能部门选择考核内容和方法	职位、工作标准
1.3 依据酒店员工不同特点制订和双向确认工作目标计划或行动计划	行动计划
2. 进行技术准备	绩效考核体系
2.1 构建绩效指标体系	绩效指标
2.2 指标体系的正式实施	实施体系
2.3 选拔和培训考核人员	人员培训
2.4 收集被考评人员资料信息	被考评人员信息
3. 实施考评	考评
3.1 客户、相关部门、下属反馈	反馈
3.2 直接主管(上司)考核(实际完成工作业绩和数据)	考核意见表
3.3 与被考核者直接沟通,完成考核	沟通
4. 人力资源部门汇总	汇总表
5. 实施奖励或薪酬调整	奖惩

阅读材料15-1

某五星级酒店薪资考核方法

一、薪资结构

(1) 月薪制员工的薪资结构由原来的工资总额划分为固定部分、绩效考核、营业额考核、利润考核四部分。固定部分占60%(基本工资+岗位工资+企业补贴179元)、绩效考核占10%(每季度根据上级主管对其绩效考核的成绩)、营业额考核占5%(每月根据连锁店完成营业额进行考核)、利润考核占25%(每月根据连锁店完成利润进行考核)。

(2) 时薪制员工,将现在时薪分为基本时薪和效益时薪两部分。其中效益时薪为员工0.5元/小时,星级员工0.7元/小时。

二、考核

1. 月薪制

(1) 绩效工资按岗位绩效考核的成绩执行(新进员工本季度按100%计算)。

(2) 营业额考核工资。

完成当月预算营业额考核工资的100%,未完成预算营业额按未完成比例扣除。例如:某酒店预算月营业额为240 000元,如完成240 000元以上得100%,如完成221 000元则得221 000/240 000=92%,则得营业额考核工资部分的92%。

(3) 利润考核工资(含减亏)。

完成上月预算利润指标,得利润考核,工资按100%发放,未完成预算的按未完成比例扣除。例如,某酒店预算利润为50 000元,如完成50 000元得100%,如完成45 000元得45 000元/50 000元=90%,则得利润考核部分的90%。

2. 时薪制员工

实得效益时薪=效益时薪×(营业额完成率+利润完成率)/2×100%

三、超额利润的分配(含减亏)

(1) 每季度核算一次,按超利润部分的50%返回门店,分配比例按以下工时计算。

店经理按500工时计算;店副理按400工时计算;一级助理按350工时计算;二级助理按300工时计算;见习助理按200工时计算;员工按实际工时计算。例如:某店一季度超利润10 000元,有店经理一名,一级助理一名,二级助理二名,员工20名用工时3 000小时。应得奖励时薪10 000×50%/(500+350+250×2+3 000)=1.15/小时,店经理得奖励=500×1.15=575元,员工得奖励=150×1.15=172.5元。

(2) 完成当年预算和利润,而年度员工工资总额(按预算百分比)有节余的,节余部分的70%按以上办法分配。

四、发放时间

每年的4月、7月、10月和次年1月考核发放上一季度的超额利润(含减亏),奖励发放时以当日在册人员为准,不论何种原因离店都不列入发放范围。

实 战 训 练

1. 各小组提交选题及调研思路,进行可行性讨论和进行实地调研,完成服务员、厨师或领班的绩效管理制度设计方案。

2. 模拟绩效面谈(角色互换,作为上级或下级应当如何应对),填写表 15-2。

表 15-2　绩效面谈记录

部　门		职　位	姓　名	考核日期
				年　　月　　日
工作成功的方面				
工作中需要改善的地方				
是否需要接受一定的培训				
本人认为自己的工作在本部门和全公司中处于什么状况				
本人认为本部门工作最好、最差的是谁,全公司呢				
对考核有什么意见				
希望从公司得到怎样的帮助				
下一步的工作和绩效的改进方向				
面谈人签名:			日期:	
备注:				

学 习 测 评

学习评价表见表 15-3。

表 15-3　学习评价表

姓名		学号		班级	
任务		日期		地点	
任务开始时间:	年　月　日		任务完成时间:	年　月　日	
检测内容		系数	分值	得分	
1. 制订考核计划		2.5	25		
2. 进行技术准备		2.5	25		
3. 实施考评		3.0	30		
4. 人力资源部门汇总		0.5	5		
5. 实施奖励或薪酬调整		1.5	15		
合计		10	100		
认为做得好的地方:					
认为最不满意的地方:					

续表

值得改进的地方：		
自我评价：	非常满意	
	满意	
	不太满意	
	不满意	
互评：		
师评：		
第三方评价：		

拓 展 提 升

请阅读以下书籍。

1. 游富相.酒店人力资源管理[M]. 杭州:浙江大学出版社,2009

2. 廖钦仁.酒店人力资源管理实务(修订版)[M]. 广州:广东经济出版社,2009

3. 张玉改.酒店人力资源管理[M]. 北京:中国林业出版社,2008

4. 侯光明.人力资源管理[M]. 北京:高等教育出版社,2009

5. 彭剑锋等.绩效指标体系的构建与维护[M]. 上海:复旦大学出版社,2008

酒店管理
实务

模块六

酒店物资设备管理

模块说明

　　本模块中,学生将学习酒店的物质和设备管理,共有任务三项,即酒店物资管理、酒店设备使用和维护、酒店设备采购与改造。

　　本模块达到的能力目标要求:

　　1. 能进行酒店物资管理的成本控制环节。

　　2. 能提高酒店员工的成本控制水平。

　　3. 能有效地使用酒店设备。

　　4. 能对酒店设备进行管理、维护、维修、保养。

教学建议

　　1. 设定情景,进行角色扮演。教师为某酒店物资管理负责人,学生为该酒店业务主管或工作人员。

　　2. 课前分配工作任务,小组设计准备并完成任务,现场汇报,教师现场点评,学习检测。

　　3. 教师诠释下一工作任务内容,核心技能与操作要领,布置新任务。

任务 **16**

酒店物资管理

任务目标

1. 能够合理采购酒店物资
2. 能满足酒店对物资的需求
3. 能对酒店物资进行有效管理

知识准备

1. 饭店物资定额管理,饭店物资管理的基本内容
2. ABC 分类管理法及应用

➤ 任务实施

酒店物资管理流程如图 16-1 所示。

图 16-1　酒店物资管理流程

16.1　建立酒店物资管理目标

(1) 核定酒店各种物资需求量,编制与执行物资供应计划,并根据市场情况、酒店业务情况的新变化不断修正供应计划,提高物资供应的科学性。

(2) 全面了解饭店所需的各种物资的特性,深入研究适合各种物资的保管、储藏方法,使物资安全度过采购——使用之间的过渡期。

(3) 编制科学、严密的物资管理制度,制订酒店各类物资的流通程序、设计物资流转

过程的管理方法和严格的规章制度。

（4）核定酒店各类物资的消耗定额，监督各类物资的使用过程，核算其使用效率，使所有物资在酒店的业务过程中充分发挥其应有的使用价值和经济效用。

（5）用各种方法回收酒店各种尚有利用价值的报废物资并设法使其再生，再次为酒店经营做出贡献，达到物尽其用、节约经营成本的目的。

酒店物资管理的基本目标要达到适时、适量、优质、优价、善藏、高效。

16.2　对酒店物资的分类

（1）按物资的价值分类，有低值易耗品、物料用品和大件物资。

（2）按物资的自然属性分类，可分为棉织品、装饰用品、服务用品、清洁用品等。

（3）按客人消耗和价值补偿方式分类，可分为客用多次消耗用品和客用一次消耗用品。

（4）按物资用品使用方向分类，可分为客用物资用品、办公用品、安全保卫用品等。

（5）按物资所处的不同阶段分类，可分为在用物资、在库物资、在途物资。

16.3　确定酒店物资消耗定额工作程序

（1）考虑到各个部门的具体情况，酒店首先将物资消耗定额的任务下达到各个部门，并详细说明物资消耗定额的意义和内涵以及各部门进行物资消耗定额的工作要求和确定物资消耗定额的标准。

（2）各部门根据自己的特点详细制订单位产品或单位接待能力所需的物资配备表，注意区别一次性消耗物品和多次性消耗物品。

（3）确定客用一次性消耗物品单位时间或单位产品的消耗定额。

（4）确定客用多次性消耗物品在寿命期内的损耗率或一段时间的更新率。

（5）综合汇总。

16.4　选择物资消耗定额方法

（1）经验估算法。根据酒店技术人员和生产者的实际经验，结合有关技术文件和产品实物，考虑计划期内的生产技术组织条件变化等因素制定物资消耗定额。

（2）统计分析法。根据以往生产中物资消耗的统计资料，经过分析研究，并考虑计划期内生产技术组织条件的变化等因素，来确定物资消耗定额。

（3）实物实验法。按照酒店生产经营的客观条件，通过反复的实地操作、考察，经过对实际消耗的物资进行分析汇总，来确定物资的消耗定额。

16.5　完善酒店物资采购与验收

1. 酒店物资采购管理

（1）认真分析酒店所有业务活动的物资需要，依据市场近况，科学合理地确定采购物资的种类与数量。采购申请单如表 16-1 所示。

（2）根据酒店各业务部门对物资的质量需求与价格需求，选择最为合适的供货商，并及时订货或直接采购。

（3）控制采购活动全过程，堵塞每个环节中可能存在的管理漏洞，使物资采购按质、按价、按时到位。

（4）制订采购各种物资的严密程序、手续和制度，使控制工作环环有效。

（5）制作并妥善保管与供货商之间的交易合同，保证合同合法有效并对饭店有利。

（6）协助财务部门做好饭店对供货商的贷款清算工作。

表 16-1　采购申请单

申请部门：　　　　　　　　　　　　　　　　申请日期：　　年　　月　　日

部门经理签字：

物品名称	单位	采购数量	采购价格范围	物品标准说明	备注 （物品标准）
采购理由：		运费及保险说明：		总计	
采购部经理：		财务部经理：		总经理：	

审核人：

2. 编制采购计划

根据酒店经营状况，结合酒店采购目标和采购申请，编制酒店物资采购计划。

（1）部门上报计划。

（2）采购部汇总。

（3）财务审批。

（4）总经理审批。

3. 采购价格比较

（1）价格比较的程序

① 设立最高限价。

② 估计供方的最低限价。

（2）获取理想价格的手段和途径

① 充分利用企业形象资本。

② 集中批量订货。

③ 注意信息的采集和分析，选择恰当的采购时机。

④ 建立长期的购销合同。

⑤ 减少中间商，直接进货。

⑥ 选择恰当的支付方式。

⑦ 与供货商进行谈判，通过富有技巧的讨价还价来压低供货商的报价。

⑧ 寻找合适的替代品。

（3）选择支付方式

支付方式主要有货到付款、预付款、集中付款等。根据酒店资金状况，选择合适的支付方式。

（4）选择酒店物资供应商

选择酒店物资供应商应考虑：选择采购空间距离短，信誉好，供货能力强，卫生有保障，有良好合作精神的供货商。

4. 酒店物资验收

（1）检验。物资采购任务完成后，由酒店验收人员根据订货单及批准的申购单，检查所购物资交货是否准时，质量、数量、价格等是否准确。

（2）填写验收单。

（3）收货入库。

（4）退货处理。

16.6　做好酒店物资储存与发放

1. 酒店物资储存管理

（1）酒店物资储存管理的目标

仓库管理的任务是为酒店经营活动的正常运转提供可靠的物资供应，保证物资不短缺、不积压、不破损、不变质，要做到五保"保量、保质、保安全、保成本、保急用"和三化"仓库规范化、保养经常化、存放系列化"。

（2）酒店物资储存管理工作的程序

① 适当安排仓储场所。

② 入库存放。

③ 物资保管。

保证质量行之有效的方法有先进先出、保持良好的仓储环境、加强仓储物资的养护管理、做好库存物资的检查工作等。另外，还要为所有在库物资建立卡、账，设立账务系统，记录物资的流动情况及在库情况。

（3）盘点库存

准确查清在库物资的数、质量，确保物资的安全，提供采购的依据。

① 日常盘点。

② 定期盘点。

③ 延期盘点。

④ 临时盘点。

2. 酒店物资发放管理

酒店物资管理的最后出口，使物资真正用于饭店的生产经营，实现其价值转移或最终体现其使用价值。

（1）确定酒店物资发放管理基本要求

（2）酒店物资发放管理程序

① 点交。领料部门填写领料单，凭领料单发放物资，并做好记录。

② 清理。要做到账面清理、地面清理、物资管理。

③ 复核。为避免出错，物资发放人员应该对发放作业过程中的每个环节仔细进行自查、复查，层层复核，包括品种、规格、数量的复核。

④ 原料计价。计价反映在领料单上，便于饭店各部门进行成本核算。

（3）酒店物资发放管理的重点内容

① 审批人是物资发放的关键。

② 执行人要加强日常管理。

③ 发货区域问题。饭店应设专门的发货区域，是防止物资发放出差错的重要手段。

④ 发货时间问题。可采用定时和不定时进行，区别不同的货物。

⑤ 货物交接问题。发货与收货必须交接清楚，交接依据是领料单，双方签字认可。

⑥ 物资数量短缺问题。这是物资管理的常见问题，也是最令物资管理人员头痛的事情，常采用以下方法避免：制订合理的有区别的损耗率，提前修改物资的包装。

（4）酒店物资发放管理的原则

① 先进先出原则。可以防止物资老化，减少浪费。

② 保证经营原则。所有的管理制度都是为了饭店的正常生产经营，物资管理更要处理好轻重急缓。

③ 补料审批制度。为了进行个性化或人性化服务，某些时候会有先领料再补手续的现象，必须按照规则完善补料手续，严格控制。

④ 退库核销制度。发生退库现象时，也需要完善手续。

⑤ 以旧换新制度。为避免浪费，制订以旧换新制度，可以收回部分残值。

采购结算单如表 16-2 所示。

表 16-2　采购结算单　　　　　　　　　　年　　月

采购人	名称	购进情况			使用情况			备注
		数量	单价	金额总计	数量	单价	金额总计	

采购部门主管签字：　　　　　财务部签字：　　　　　　　　总经理办公室签字：
　　　　年　月　日　　　　　　　　年　月　日　　　　　　　　年　月　日

统计人：

关键点控制

关键点控制表见表 16-3。

表 16-3　关键点控制表

关键点控制	细化执行
1. 建立酒店物资管理目标	编制与执行物质供应计划、制度
2. 对酒店物资分类	分类物资
3. 确定酒店物资消耗定额工作程序	确定物资消耗定额的标准
4. 确定物资消耗定额方法	定额管理
5. 完善酒店物资采购与验收	采购与验收
5.1　酒店物资采购管理	采购申请单、编制采购计划
5.2　酒店物资验收管理	验收表
6. 储存与发放物资	物资储存发放各类表格

阅读材料16-1

　　酒店常用物资单位价值一般都比较小,单位价值比较高的物资也有,但是用量较小。有些一次性客用品平均价只有1元甚至几角(按最小单位计量),但是每日的消耗总量很大;餐饮原料90%为新鲜的时令果蔬、鲜活肉类、海鲜等,而价格受季节、质量、市场环境的影响巨大,如樱桃的价格受季节、质量影响波动的范围为4.5~60元/斤。因此,要加强过程的分析,寻找成本泄漏点,严格控制每个环节,在物资流通的整个过程中做到闭环管理,信息畅通。

　　要积极寻找成本泄漏点,如在餐饮物资的流通中需要检验菜单计划→申购→采购→验收→入库→(出库)发料→加工切配→烹调→餐饮服务→餐饮推销→销售控制→成本核算,要将成本控制的理念贯穿到整个过程中。

实 战 训 练

　　1. 一家四星酒店拟采购客房智能控制系统,要求系统能集智能灯光控制、空调控制、服务控制与管理功能于一体,具有智能化、网络化、规范化等特点,能帮助酒店各级管理人员对运作过程产生的大量动态复杂的数据和信息进行及时准确地分析处理。同时要求系统全面兼容国际标准的 TCP/IP 协议和以太网技术,无须单独布线,可以利用原有的宽带布线来实现对客房的实时监控和管理。请根据酒店的相关规定实施采购。

　　2. 请制订一份酒店物资管理制度。

学 习 测 评

　　学习评价表见表 16-4 所示。

表 16-4　学习评价表

姓名		学号		班级	
任务		日期		地点	

任务开始时间：　　　　　年　　月　　日　　任务完成时间：　　　　　年　　月　　日

检测内容	系数	分值	得分
1. 酒店物资管理分析	1.5	15	
2. 熟悉酒店物资管理特征	0.5	5	
3. 酒店物资管理方法应用	2.0	15	
4. 构建酒店物资管理组织架构体系	1.0	10	
5. 酒店物资管理实施	1.8	20	
6. 做出酒店采购决策措施	1.0	10	
7. 建立酒店采购仓储管理办法	1.2	15	
8. 具体实施酒店物资发放	1.0	10	
合计	10	100	

认为做得好的地方：

认为最不满意的地方：

值得改进的地方：

自我评价：	非常满意	
	满意	
	不太满意	
	不满意	

互评：

师评：

第三方评价：

酒店设备的使用和维护

1. 保证酒店设备运行良好
2. 能使用酒店设备
3. 能对酒店设备进行常规性维护

1. 设备种类
2. 设备维修知识
3. 设备管理程序

任务实施

酒店设备的使用和维护流程如图 17-1 所示。

图 17-1　酒店设备的使用和维护流程

17.1　新装设备管理

（1）工程部根据设备的使用说明、设计要求以及设备的性能，对设备进行全面检查，合格后，方可使用。

（2）在安装过程中，工程人员全程跟进。

（3）设备安装后，设备使用说明书、合格证、产品介绍等有关技术资料由工程部留存。

（4）安装工作结束后，工程部与使用部门共同验收，验收合格后，由工程部出具验收报告，使用部门确认，并办理移交手续，工程部负责设备的技术资料与备品备件登记工作。

17.2 设备编号与资料归档

1. 设备账卡管理

（1）酒店全部设备的账单和维修卡由工程部管理保存。每年度末由工程部相应设备负责人核查设备在位情况，并填写相应记录（酒店统一格式，见表17-1），交由工程部保存。

（2）如果发生设备变更情况，则由工程部提供新的设备账单，或根据情况修改设备账单。设备账单的任何改动处，都要有原签字人与中心主管领导的共同签字才能生效。

（3）公用设备由工程部 保管，各操作室可根据需要临时借用。设备借用必须办理相关手续，交接时必须检验设备是否完好。

表 17-1　设备管理卡

设备编号		设备型号		图纸编号	
设备名称		设备价格		使用部门	
启用日期		安装地点			
设备性能及参数					
设备维修负责人员					
计划维修标准		检修周数		检修频率	
		大修周数		大修频率	
厂家供应商资料					
厂家名称					
联系地址				邮政编码	
联系电话				传　真	
常用备件资料					

2. 建立设备档案

（1）每台设备必须由相应班组责任人建立完整、详细的设备档案（记录在相应账单的背面）。记录设备使用期间的异常情况不可以取代其他记录（如维修记录等）。

（2）责任人必须清楚每件设备的具体位置，并对其负完全的保管责任。

（3）设备档案是设备检查的重要项目，应作为资料长时间保存。

17.3 设备日常管理

1. 设备运行管理

（1）各部门所辖的设备设施必须设专人管理。未经主管领导同意，任何人不得私自修改设备运行参数。

（2）设备附件张贴安全使用说明及操作注意事项。操作人经培训合格后方可进行设备操作。

（3）设备使用完毕后，操作人必须按规定对设备进行清洁处理。

（4）各区域电气控制箱设专人管理，无关人员严禁操作。各区域电气开关由工程部按计划清扫、紧固。

（5）重要设备旁应标有设备的运行参数及操作具体要求说明。

（6）设备运行中，如果发现设备存有故障隐患，应及时按设备故障报修程序进行报修,工程部组织检修。

(7) 设备发生故障后,未经工程部确认,严禁各部门私自拆卸。

(8) 各部门内各种移动的电气设备或手持电气工具必须按规定交工程部检修,检修周期为半年。设备使用中应严格执行安全操作规程。

2. 设备使用管理

(1) 所有当事人必须严格按操作规程使用设备,非本操作室人员未经允许不得擅自动用设备。责任人要负责做好设备的保管、保养工作,下班离开操作室,应关掉设备电源并拉下房间电闸。

(2) 无工程部主管同意,非该设备维修班组人员不得私自打开设备外壳。除修理或工作状态必需外,任何设备外壳不得处于非封闭状态。

(3) 小型设备如需携离酒店,必须征得上级主管同意并告知相应设备班组。

(4) 凡不属酒店正式订购的设备,未经工程部许可,不能私自留用、试用;由厂方提供用于更换的备用设备一律由工程部登记存放。

3. 设备调动管理

(1) 设备跨部门的调动,由工程部领导根据情况做出决定。有关当事人(包括工程部)要办好相应手续,弄清设备状况,做好相应记录。

(2) 一般情况下,主要设备位置要保持相对固定。部门内的设备调动由部门主管负责掌握,有关设备责任人应做好设备档案记录。如跨房间调动,必须及时通知工程部。

(3) 一般时期,设备临时性的调动,可以适当从权处理,但要做好设备档案记录。

4. 设备借用管理

(1) 设备在酒店范围内借用必须征得相关设备班组主管同意,并在工程部备案。当事人之间必须办理完备的手续。设备借用人不得再把该设备转借他人。

(2) 设备借到酒店范围外,必须征得工程部主管领导同意,其他要求同上。

(3) 设备使用完毕归还时,有关设备责任班组应进行检查验收,做好记录,并通知工程部。

(4) 从外部借入设备到酒店使用,应征得工程部主管领导同意并通知工程部。

5. 设备异常管理

(1) 如果酒店内发现损坏、丢失设备情况,有关责任人需及时填写设备档案记录并向工程部汇报,待查清原因后,按酒店及相关规定处理。

(2) 在未告知第三方的情况下,造成设备无人值守,一经发现将援例处理。

17.4　设备检查维修

1. 设备检查

(1) 定期的设备检查工作每月一次。

(2) 根据实际需要,有些设备还可采取不定期的检查(抽查)。

(3) 设备检查(抽查)情况,作为重要指标计入个人年终考核。

2. 设备维修管理

(1) 保修期内的设备不得擅自拆开修理。

（2）设备如不能正常使用，由所在使用部门主管与工程部主管商讨解决方案（参见表 17-2）。

表 17-2 设备维修管理等级表

优先等级	种　类	反 应 时 间
一级	与消防和人身安全有关	立即
二级	与客人有关	10 分钟到场，30 分钟内完成
三级	设备故障影响到客人	10 分钟到场，60 分钟内完成
四级	一般设备故障	本班范围完成
五级	设备大修	一周内完成
六级	新增项目	根据工作量

3. 记录

有关责任人要做好相应的记录，参见表 17-3 和表 17-4。

表 17-3 设备维修保养单

序号	设备运转状况	保护措施	设备使用单位	保养人
1				
2				
3				
4				
5				

制表部门：酒店工程部　　　　　　使用单位签名：　　　　　　主管签字：

表 17-4 设备维修报告

序号	设备运行存在问题	检修状况
1		
2		
3		
4		
5		

制表部门：酒店工程部　　　　　　使用单位签名：　　　　　　主管审核：

4. 设备部件的更换

设备部件的更换由设备使用部门主管签字认定，报工程部领导审批。换下的部件交工程部登记存放。

17.5 设备报废与淘汰

1. 设备报废申请

（1）设备操作人可根据设备的综合情况，向所在设备班组汇报，由后者确认后备案并通知工程部。

（2）工程部各设备班组人员要定期向各设备使用部门了解仪器工作情况，汇总后向工程部领导汇报并列出报废申请单。

（3）在向中心申请报废期间，相关设备仍应留在原工程部。

2. 设备的淘汰

（1）总经理同意报废后，各部门可将需报废的设备送工程部集中，有关责任人应做好设备档案记录。工程部应出具接收清单（两份），由设备班组主管、责任人各保留一份。

（2）在合适时机由工程部向资产部、财务部等职能部门提出报废申请。

（3）待设备负责班组报废申请经审查通过后，由工程部与相关部门办理报废手续。

（4）设备报废完成后，工程部应及时把新的设备账单返回有关责任人。

关键点控制

关键点控制表见表 17-5。

表 17-5　关键点控制表

关键点控制	细化执行
1. 新装设备管理	设备资料
2. 设备编号与资料归档	设备管理卡、设备账单
3. 设备日常管理	严格执行安全操作规程
3.1　设备运行管理	运行制度
3.2　设备使用管理	使用程序、规范
3.3　设备调动管理	调动手续
3.4　设备借用管理	借用手续
3.5　设备异常管理	设备异常管理手续
4. 设备检查维修	设备维修保养单、设备维修报告
5. 设备报废与淘汰	报废资料

实 战 训 练

1. 调研了解当地酒店物资设备情况，并做出调研报告。

2. 尝试为一家新开张的四星级酒店制订物资设备使用维护制度。

学 习 测 评

学习评价表见表 17-6。

表 17-6　学习评价表

姓名		学号		班级		
任务		日期		地点		
任务开始时间：　　　年　　月　　日			任务完成时间：　　　年　　月　　日			
检测内容		系数		分值		得分
1. 新装设备管理		1.0		10		
2. 设备编号与资料归档		1.5		15		
3. 设备运行管理		1.0		10		

续表

检测内容	系数	分值	得分
4. 设备使用管理	0.8	8	
5. 设备调动管理	2.2	22	
6. 设备检查维修	1.5	15	
7. 设备报废与淘汰	1.0	10	
8. 设备使用管理	1.0	10	
合计	10	100	

认为做得好的地方：

认为最不满意的地方：

值得改进的地方：

自我评价：	非常满意	
	满意	
	不太满意	
	不满意	

互评：

师评：

第三方评价：

任务 **18**

酒店设备的采购与改造

任务目标

1. 能采购酒店合适的设备
2. 能有效改造酒店设备
3. 能满足酒店经营对设备的需要

知识准备

1. 了解酒店设备的分类和特点
2. 了解酒店财务相关规章制度

▶任务实施

酒店设备的采购与改造流程如图 18-1 所示。

图 18-1　酒店设备的采购与改造流程

18.1　确定酒店设备采购与改造目标

1. 确定酒店设备采购目标

酒店设备采购目标的确定应从酒店对设备的实际需要、现有设备情况、同类设备市场情况以及节能环保等方面考虑。

2. 确定酒店设备改造目标

酒店设备改造要适应酒店的等级规格,能够保证客人消费需求,使用方便和各部门生产经营活动的正常开展。

18.2 酒店设备的选择与购置

1. 设备申购

（1）工程部按照酒店设备使用情况，统计设备总体情况。

（2）根据酒店服务需要，工程部填写设备采购申请单，提出设备申购请求，并说明所需设备规格、型号等设备标准，交采购部。

2. 确定酒店设备选择的要求

（1）财务物资部及服务采购部门负责供方评定的组织工作。

（2）由物资采购领导小组负责对供方的评定工作。

（3）财务物资部负责物资采购工作的管理和实施，相关部门负责服务采购工作的管理和实施。

3. 选择酒店设备

（1）动力设备。

（2）传输设备。

（3）工作设备。

4. 酒店设备购置

（1）确定酒店设备采购资金预算。

（2）建立酒店设备购置程序：

使用部门申购──▶报价──▶报批──▶订货入仓

（3）部门更新替旧设备和物品采购程序

如部门欲替换旧有设备或物品，应先填写一份"固定资产、物品遗失或损坏报告"给主管副总及财务经理审批。经审批后，将一份遗失或损坏报告和采购申请单一并送交采购部，采购部按酒店采购程序和审批程序办理有关审批，经总经理批准后，组织采购。

（4）比较酒店设备性能，确定采购供应商

① 联络供应商，可以利用电话、传真或其他通信途径向供应商索要资料，报价及样品，供应商资料可从以下来源获得。一是营业代表的来访；二是供应商目录及邮寄小册子；三是刊物或电话黄页；四是报刊的广告；五是网上查询。

② 有关部门的情况介绍。

③ 本地区若品质或数量上可以接受的话，最好选择本地的供应商，从而节省运输费，且联系方便，易于随时检查合同的执行情况。

④ 价格。如所有供应商供应货品、品质、数量及交货期都能符合酒店要求，选择供应商要选择价格最低的一个，若品质条件不同则应与申购部门共同考虑，协商核定最符合酒店要求的供应商。

⑤ 维护保养。如所购买的物品是需要日后维修保养的，选择供应商便需要注意这一项，对设备等项目的购买，采购员要向工程部咨询有关自行维护的可能性及日后保养维修方法。另外，事先一定要向工程部了解所购物品能否与酒店的现有配套系统兼容，以免造成不能配套或无法安装的情况。

5. 实施采购

采购部按照采购申请单的要求组织进货,签订订单时,着手向有关供应单位询价并填制报价单,包括以下工作:

① 填写报价单中所需要的物品名称、产地、规格、型号、数量、包装、价格、质量标准及交货时间,邮寄或送交供应商(至少选择三个供应商),要求供应商填写价格并签名退回。

② 对于交通不便或外地的供应商,如果采购期限较短,可用传真或电话询价。用电话询价时,应把询价结果填在报价单上并记下报价人的姓名、职务等。

③ 撰写简单的报告,说明询价方式及其全部过程,并提出采购部的选择意见和理由,连同报价单一起送交给主管副总和总经理审批。

18.3　酒店设备的更新和改造

1. 建立酒店设备更新和改造程序

(1) 编制改造、更新计划(参见表 18-1)。

(2) 进行技术、经济分析。

(3) 编制设备技术改造任务书。

表 18-1　酒店年度设备更新项目计划表

填报日期　　　　　　　　　　　　　　　　　　　　　　　　年　　　月　　　日

序号	项目名称	项目内容	列项理由	建筑面积(m^2)	拟投资万元	本年投资额	本年度资金来源(万元)				拟定开工年月	拟定竣工年月
							专款	节能贷款基金	其他贷款	自筹		
1												
2												
3												
4												
5												
6												
	小计											
备注												

领导签字:　　　　　　　　　工程部项目经理签字:　　　　　　　　　　制表:

2. 酒店设备更新

根据酒店编制的设备改造、更新计划,发布信息,招标采购,有序地更新酒店设备。

3. 酒店设备更新统计

对酒店更新的设备及时做好统计工作,便于对酒店设备的有效管理(参见表 18-2)。

表 18-2　酒店年度设备更新统计表

序号	项目	主要部位	完成时间	取得效果
1				
2				
3				

续表

序号	项目	主要部位	完成时间	取得效果
4				
5				
6				
7				

制表人：

4. 酒店设备改造

相关知识见"知识链接 18-1"。

❖ **知识链接18-1** ❖

酒店设备改造作用与原则

1. 设备改造和更新的作用

随着设备使用年限的增加,设备的有形磨损和无形磨损日益加剧,可靠性相对降低,导致费用上升,应通过设备的改造和更新对设备实施补偿。

酒店设备具有较大比重的享受因素,经过一定时间,虽然还具有使用价值,但已经陈旧过时,会造成客人精神上的不愉快,影响酒店的等级和声誉,不利于设备使用的经济性。

2. 设备改造和更新的原则

设备技术改造的原则为针对性、适应性、可能性、经济性。

设备的更新及其原则为多次大修,技术性能达不到要求,无法保证酒店服务质量;技术性落后,经济效果很差;通过修理、改造虽能恢复性能但不经济;耗能大或污染环境严重,进行改造又不经济;不能满足酒店经济需要。

关键点控制

关键点控制表见表 18-3。

表 18-3 关键点控制表

关键点控制	细化执行
1. 确定酒店设备采购目标	设备采购目标
2. 确定酒店设备改造目标	设备改造目标
3. 酒店设备选择与购置	设备选择与购置
3.1 设备申购	申购单
3.2 选择酒店设备	设备信息资料
3.3 酒店设备购置	购置设备
4. 酒店设备更新和改造	更新和改造设备
4.1 酒店设备更新	更新设备
4.2 酒店设备改造	改造设备

阅读材料18-1

广州中国石油大厦酒店消防系统改造设备采购及相关服务项目招标公告

中油阳光物业管理有限公司广州分公司现对广州中国石油大厦酒店消防系统改造设备采购及相关服务项目进行公开招标,选定供货商。

一、项目名称:广州中国石油大厦酒店消防系统改造设备采购及相关服务

二、招标单位:中油阳光物业管理有限公司广州分公司

联系人:陈先生 联系电话:(略)

招标代理机构:广州新伊丰工程咨询有限公司

联系人:刘小姐 联系电话:(略)

招标监督机构:广州市建设工程招标管理办公室

投诉电话:(略)

三、供货地点:广州市黄埔大道中路 199 号

四、招标内容、规模及标段划分

1. 招标内容:本项目包括招标图纸范围内的消防系统设备的采购、安装及相关服务,直至通过最终验收,交付使用单位正常使用及保修服务,包括配合整体竣工验收(含资料汇总、整理)等并取得相关政府部门认可的验收合格证明文件,包获得合格工程。综合单价包干,项目措施费包干。具体内容以设计图纸、工程量清单、技术需求书及承包合同为准,招标内容包括:喷淋、消火栓、电气自动报警、防排烟通风、防火卷帘等消防系统。

2. 招标规模:广州中国石油大厦酒店属于白金五星级酒店,总建筑面积约 137 980 平方米,地面建筑高度 180.10 米,地上 41 层,地下 4 层。

3. 标段划分:本次招标工程只设一个标段。

五、预计发包价:约 1 500 万元人民币

六、资金来源:自筹

七、报名及递交资格审查申请文件时间

报名开始日期(含本日):2010 年 01 月 29 日

报名截止日期(含本日):2010 年 02 月 01 日

报名时间:(略)

如报名参加投标的申请人数量过少不足以形成充分竞争时,招标人在确认正式投标人之前,可以发出补充公告,适当延长报名时间。

八、报名及递交资格审查申请文件地点

广州建设工程交易中心(广州市天河区天润路 333 号)

九、投标人资格预审合格条件:(略)

十、正式投标人的确定方式

1. 满足资格审查合格条件的投标申请人多于等于 3 名且少于等于 7 名时,取全部满足资格审查合格条件的投标申请人为正式投标人。

2. 满足资格审查合格条件的投标申请人超过 7 名时,择优选取前 7 名成为正式投标人。

3. 满足资格审查合格条件的投标申请人不足 3 名时为招标失败。招标人分析招标失败原因,修正招标方案,报有关管理部门核准后,重新组织招标。

十一、接受报名及资格预审工作执行《关于重新发布加强投标报名和资格预审管理的通知》(穗建招〔2006〕8 号)规定,资格预审工作由招标单位依法成立的资格预审委员会负责。

十二、本工程依法根据《关于转发〈广东省建设厅关于房屋建筑和市政基础设施工程施工招标投标设立最高报价值办法〉的通知》(穗建筑〔2006〕539 号)设置投标最高报价值。

十三、投标申请人报名时须提交的资料详见附件一《投标申请人报名提交资料一览表》,(一式二份,一份正本,一份副本,若正本与副本有不一致,以正本为准),《投标申请人报名提交资料一览表》中没有要求提交的资料,不作为资审不合格的依据。采用择优方式确定正式投标人的,择优所用资料在《投标申请人报名提交资料一览表》标明为"择优资料",投标申请人如不提交这部分资料,不被认定为资审不合格,但将影响投标申请人的择优结果。

十四、投标单位可以就本公告及招标文件中任何违法及不公平内容向广州市建设工程招标管理办公室署名投诉。

十五、本公告在广州建设工程交易中心网站"www.gzzb.gd.cn"等媒体发布,本公告的修改、补充,将在广州建设工程交易中心网站发布。本公告在各媒体发布的文本如有不同之处,以在广州建设工程交易中心网站发布的文本为准。

招标人:中油阳光物业管理有限公司广州分公司

招标代理:广州新伊丰工程咨询有限公司

2010 年 1 月 25 日

资料来源:中国建设招标网,http://www.zhaobiao.gov.cn/z/notice/2010/1/26/24414865.shtml

实 战 训 练

1. 为广州中国石油大厦酒店制订设备改造方案。
2. 尝试为上海一家拟开张的四星级酒店制订厨房生产设备采购方案。

学 习 测 评

学习评价表见表 18-4。

表 18-4　学习评价表

姓名		学号		班级	
任务		日期		地点	
任务开始时间：		年　月　日	任务完成时间：	年　月　日	
检测内容			系数	分值	得分
1. 确定酒店设备采购目标			1.5	15	
2. 确定酒店设备改造目标			1.5	15	
3. 酒店设备选择			1.5	15	
4. 酒店设备购置			1.8	18	
5. 酒店设备更新			2.2	22	
6. 酒店设备改造			1.5	15	
合计			10	100	

认为做得好的地方：

认为最不满意的地方：

值得改进的地方：

自我评价：	非常满意	
	满意	
	不太满意	
	不满意	
互评：		
师评：		
第三方评价：		

拓 展 提 升

请阅读以下书籍。

1. 袁富山.饭店设备管理[M]. 天津:南开大学出版社,2001
2. 陆净岚.饭店设备管理[M]. 北京:旅游教育出版社,2005
3. 任保英.酒店设备运行与管理[M]. 大连:东北财经大学出版社,2007

酒店管理
实务

模块七

酒店质量管理

模块说明

本模块中,学生将学习酒店质量管理,共有任务三个,即酒店质量管理体系构建、酒店质量管理实施、酒店质量控制。

本模块要实现的能力目标:

1. 能制定酒店质量管理体系。

2. 能有效地开展酒店质量管理。

3. 能有效地进行酒店的质量评价。

教学建议

1. 设定情景,进行角色扮演:教师为某酒店质检部经理,学生为该酒店质检部工作人员。

2. 课前分配任务,小组准备并完成任务,课堂汇报,教师点评,学习测评。

3. 教师解析下一任务内容,核心技能与概念,布置新任务。

任务 **19**

酒店质量管理体系构建

任务目标

1. 满足酒店质量管理的需求
2. 完善酒店质量管理体系

知识准备

1. 了解酒店质量管理系统的含义
2. 掌握酒店质量管理系统的目标

▶ 任务实施

酒店质量管理体系构建流程如图 19-1 所示。

图 19-1 酒店质量管理体系确立流程

19.1 明确酒店质量管理体系的构成

酒店服务质量体系通常由以下五个方面组成。

1. 设立质量管理组织机构,建立组织领导体系

酒店设立质量管理专职机构,保证质量管理体系的有效运转。通常是由总经理亲自担任或任命一位质量代表担任质量管理工作小组或质量管理委员会的领导,下设质量管理小组和质量管理员,从上到下形成质量管理的机构网络。

2. 制订酒店服务质量方针和质量目标

质量方针是酒店管理的重要文件,它体现了酒店对宾客对酒店服务质量要求的认识,为酒店确定长期的质量宗旨、方向,并规定酒店为实现质量目标应遵循的基本原则和所应采取的措施,对酒店的服务质量具有长远的指导意义。

3. 建立质量标准体系

酒店质量管理是对酒店所有服务的质量管理,涉及或包含酒店服务的所有环节。

4. 人员和物质资源的合理配置

在酒店资源中,人是最重要的因素,酒店服务质量与酒店员工素质密切相关。质量管理过程中酒店的物质资源要根据酒店宾客的需求和酒店的规格档次,强调适用性。

5. 加强酒店与宾客接触互动

服务是一种双向交流,酒店服务是通过服务员与宾客接触互动才得以实现的,因而酒店要与宾客建立相互信任、相互协作的良好的互动关系。

19.2　构建酒店质量管理体系

1. 任命质量管理代表

通常需要有一个具有足够的时间和精力的行政人员,来具体协调质量管理体系的建立和监督体系的运行,这个人一般称为质量代表,也可以称为质量经理。

2. 成立服务质量工作小组

酒店成立服务质量工作小组,质量代表负责小组的具体工作,小组成员由各部门的领导或授权代表组成。工作小组的主要任务是:

(1) 制定酒店的质量目标。

(2) 制定各部门、各岗位的质量职责和权限。

(3) 研究并制定酒店的质量政策。

(4) 研究并制定酒店的质量文件。

(5) 研究并制定酒店服务质量的控制措施。

(6) 定期检查质量管理体系的运行效果。

3. 制订工作计划

酒店制订质量管理体系建设的工作计划,计划由工作小组拟订,经酒店最高管理层批准后执行。工作计划要保证质量管理体系的建设质量,并对工作过程有切实可行的控制措施。

4. 制定质量目标和质量政策

酒店质量政策应当包括对酒店产品与服务质量的承诺、达不到标准时的纠正措施和赔偿保证、酒店有关部门的责任和义务以及纠正权限与奖惩措施等。

5. 优化酒店管理组织机构

在质量管理体系的建设过程中个,酒店应当根据质量管理体系的运作需要,对酒店管理组织机构进行科学设计和必要调整。

6. 制定质量管理体系文件

(1) 服务质量手册。指阐述酒店的质量方针并描述酒店质量管理体系的文件。

(2) 服务规范和服务规程。指说明每一工种、每一岗位的工作标准要求和每一项服务操作方法的文件。

(3) 服务质量控制规范:指对服务的目标和结果进行描述的文件。

(4) 服务质量检查记录。指及时记录酒店运行过程中发现的各种质量问题并纳入控制范围的文件。

（5）服务质量效果记录。指记录酒店质量管理活动状况和所达到的结果的文件。

19.3 试运行质量体系

（1）有针对性地宣传贯彻质量体系文件，使全体员工认识到新建立或完善的质量体系是对过去质量体系的变革，是为了向国际标准接轨，要适应这种变革就必须认真学习、贯彻质量体系文件。

（2）实践是检验真理的唯一标准。体系文件通过试运行必然会出现一些问题，全体员工可将从实践中出现的问题和改进意见如实反映给有关部门，以便采取纠正措施。

（3）将体系试运行中暴露出的问题，如体系设计不周、项目不全等，进行协调、改进。

（4）加强信息管理，不仅是体系试运行本身的需要，也是保证试运行成功的关键。所有与质量活动有关的人员都应按体系文件要求，做好质量信息的收集、分析、传递、反馈、处理和归档等工作。

19.4 审核与认证质量体系

质量体系审核在体系建立的初始阶段往往更加重要。在这一阶段，质量体系审核的重点是验证和确认体系文件的适用性和有效性。

（1）规定的质量方针和质量目标是否可行。

（2）体系文件是否覆盖了所有主要质量活动，各文件之间的接口是否清楚。

（3）组织结构能否满足质量体系运行的需要，各部门、各岗位的质量职责是否明确。

（4）质量体系要素的选择是否合理。

（5）规定的质量记录是否能起到见证作用。

（6）所有职工是否养成了按体系文件操作或工作的习惯，执行情况如何。

19.5 认证质量管理体系

（1）酒店质量体系认证的申请

① 酒店简况，如组织的性质、名称、地址、法律地位以及有关人力和技术资源。

② 申请认证的覆盖的产品或服务范围。

③ 法人营业执照复印件，必要时提供资质证明、生产许可证复印件。

④ 咨询机构和咨询人员名单。

⑤ 最近一次国家产品质量监督检查情况。

⑥ 有关质量体系及活动的一般信息。

⑦ 酒店同意遵守认证要求，提供评价所需要的信息。

⑧ 对拟认证体系所适用的标准其他引用文件说明。

（2）接受评审。

（3）获得认证。

19.6 酒店质量信息管理体系

1. 建立酒店质量信息录入制度

各部门对当日发生的质量事故、服务案例、安全巡检及质量情况必须于次日中午

12：00之前内录入计算机，并反馈到质量工作小组。对未能及时录入信息的部门，按服务质量评审细则之未及时完成工作任务同等处罚。

大堂经理日报表，要保证每月拜访的宾客数量符合酒店规定。完整、详细地记录在值班期间所发生和处理的任何事项，将一些特殊的、重要的和具有普遍意义的内容整理成文，并在当班期间录入计算机发至所有部门。所记录的大堂经理日报均要及时归档。

2. 分析报告制度

质检小组每月对发生的质量问题进行汇总统计、分类解析、定量说明，并形成质量分析反报告。

3. 实行典型案例通报制度

重要的典型意义的事件应进行核实调查，并制作成典型案例通报酒店。

4. 建立质量分析会制度

每月召开质量分析专题会。

5. 建立质量档案管理制度

质量档案是酒店改善服务，提高水平的一项重要的基础工作，酒店人力资源部由质检经理负责。

部门、班组应建立和完善档案管理制度，实行专人专管和定期检查制度，酒店会不定期地对各个部门的档案进行检查。

◇◇◇ 知识链接19-1 ◇◇◇

酒店质量管理系统

服务质量是指服务产品能满足规定的显性需要和潜在的隐含需要的能力的总和。酒店的服务质量主要体现在以下几个方面。

（1）酒店的设施设备质量。酒店设施设备质量具体表现在酒店服务项目的设置、酒店设施设备的舒适性和酒店设施设备的完好程度方面。

（2）酒店的餐饮食品质量。酒店餐饮食品质量表现在菜肴的质量、酒店菜肴的特色和菜肴的花色品种方面。

（3）酒店的劳务质量。酒店劳务质量具体表现在从业人员的礼仪礼貌、服务态度、服务技巧、服务方式、服务质量和清洁卫生方面。

酒店质量管理系统指酒店内部建立的为保证酒店产品质量或质量目标所必须的系统的质量活动。它根据酒店特点选用若干要素加以组合，加强从设计、研制、生产、服务、检验、销售、使用全过程的质量管理活动，并予以制度化、标准化，使其成为酒店内部质量工作的要求和活动。

建立酒店质量管理系统的目的是为了贯彻酒店"市场为先导、营销为龙头、产品求创新、质量是保证"的经营理念和"宾客满意是我们最大满足"的服务理念，坚持质量管理工作以"预防为主，防管结合"的原则，通过本系统的建立，可以对每一个质量活动实施科学化、程序化、标准化管理，最终实现顾客满意，并达到以下目标。

（1）确保各部门的服务和工作标准化、规范化，保证向宾客提供满意的服务，在为宾客创造基本价值的基础上为其提供超值服务，提高宾客满意率。

（2）酒店在质量管理方面实现与国际接轨，充分参与市场竞争。

（3）提高酒店管理水平，降低质量成本，提高酒店工作效率和经济效益。

（4）使酒店管理形成良性循环，走上一条持续改进、持续发展的道路。

（5）提高全员素质，树立酒店形象，建立良好的企业文化，增强酒店凝聚力。

酒店质量管理系统指导整个酒店（各部门、各班组、所有员工）的质量管理工作的开展，它既包含酒店所有部门的质量管理分系统（包括营业部门、管理部门和后勤部门），又与各部门的质量管理子系统相互协调、相互补充，共同组成酒店质量管理系统。使酒店从上至下、从部门到岗位、从经理到员工，每个部门、每个人都是质量管理的一部分。（《中益商务酒店质量管理系统手册》）

关键点控制

关键点控制表见表 19-1。

表 19-1　关键点控制表

关键点控制	细化执行
1. 酒店质量管理评价体系的构成	各部门
2. 酒店质量管理体系文件的编制	各部门
3. 酒店质量管理体系的试运行	各部门
4. 酒店质量管理体系的认证	办公室及各职能部门

阅读材料19-1

质量管理体系及考核办法（节选）

一、总则

为确保质量管理体系得到有效运行，促进菜品质量和服务质量的稳定和提高，维护酒店的形象和信誉，并充分体现奖优罚劣，调动各级人员的工作积极性，特制订本办法。

二、质量管理体系考核的原则

1. 各酒店部门对质量管理体系（包括服务质量、菜品质量、环境卫生等）的检查实行内部自查和质检部监督抽查两种方式。

（1）质检部每日（月）对部门体系运行情况进行抽查和评价，评价结果与部门各级管理人员的工资挂钩。

（2）各酒店内部的自查要执行逐级检查（或抽查）的原则。

① 酒店领导带队（质检部参加）每周、月对各部门进行一次全面检查，检查结果直接与酒店各部门负责人挂钩；

② 质检部每天对各部门体系运行情况进行抽查和评价，除随时协调出现具体问题外，评价结果纳入对各店及部门领导的考核；

③ 各酒店负责人对酒店各级管理人员及体系运行状态的监督检查；

④ 主管、领班负责对所管辖内工作人员提供全过程的全面检查。

2. 总部领导对各分店的第一负责人进行全程的质量稽查与验收、评估。

3. 各级检查的依据和要求。

(1) 依据：程序文件以及各服务规范和检查标准是各级检查的依据。

(2) 要求：

① 质检部每周、月的抽查和评价分为两部分：一是抽查酒店各部门内部管理、自查情况；二是抽查各部门体系实际运行情况。

② 酒店负责人、质检部的抽查，以突击内部管理为主，要重点查下级的管理状态，同时具体检查卫生质量、服务质量、纪律质量、菜品质量以及质量目标、指标完成情况验证下级的管理状况；对领班、主管、部门经理(厨师长)具体规定检查的范围、频次、比例，形成办法和具体规定。

③ 总部领导的检查以验收、检查评估为主，重点验各收酒店的质量指标执行与落实情况并对各酒店执行总经理的执行阶段、效果形成办法、具体规定。

4. 质量体系考核与工资的挂钩办法

(1) 各级员工工资的 10% 用于质量考核。

(2) 质量考核工资的计算。

100 分＞月度质量评价分数≥90 分；质量考核工资全额发放。

80 分＞月度质量评价分数＜90 分；质量考核工资每下降一分扣除 10%。

例如，员工的工资是 1100 元；考评分数是 86 分，即降低 4 分，该员工的考核工资为 110 元－110 元×10%×4＝66 元。

80 分＞月度质量评价分数≥70 分；质量考核工资全额扣除；工资下降一档。

80 分＞月度质量评价分数≥70 分 质量考核连续两个月即停职学习(工资按 50% 发放)。

80 分＞月度质量评价分数≥70 分；质量考核连续三个月即劝退。

60 分＞月度质量评价分数≥50 分；扣发基本工资的 30%。

50 分＞月度质量评价分数≥30 分；扣发基本工资的 50%。

资料来源：http://www.canyin168.com/glyy/yg/jxdh/201103/28142.html

实 战 训 练

1. 考察当地某星级酒店的是否有完善的质量体系，如果不完善，结合该酒店问题提供一些解决方案。

2. 由于前厅部经常被客人投诉，前厅部经理被解职了。你刚升任前厅部经理，你将如何改变当前的现状？

学 习 测 评

学习评价表见表 19-2。

表 19-2 学习评价表

姓名		学号		班级	
任务		日期		地点	

任务开始时间：		年	月	日	任务完成时间：		年	月	日

检测内容	系数	分值	得分
1. 明确酒店质量管理评价体系的构成	1.0	10	
2. 制定服务质量手册	2.5	25	
3. 制定服务质量规范	1.5	15	
4. 制定服务质量检查记录表	1.0	10	
5. 制定服务质量效果记录表	2.0	20	
6. 申请质量管理认证	2.0	20	
合计	10	100	

认为做得好的地方：

认为最不满意的地方：

值得改进的地方：

自我评价：	非常满意	
	满意	
	不太满意	
	不满意	

互评：	
师评：	
第三方评价：	

酒店质量管理实施

任务实施

酒店质量管理体系确立流程如图 20-1 所示。

图 20-1　酒店质量管理体系确立流程

20.1　确定酒店质量管理程序

1. 组织实施

（1）明确质量工作小组中各级人员在质量管理工作中的职责。

（2）将质量考评结果与个人利益挂钩。

（3）落实质管中心发出的质量整改通知的内容。

2. 检查督导

（1）检查质量管理工作落实情况。

（2）帮助解决质量管理中遇到的问题。

（3）质管中心负责对各部门质量管理工作进行常规监督、检查和指导。

20.2 采取有效的酒店质量管理方法

目前,酒店通常采用的服务质量管理方法主要有:服务质量分析法、PDCA 循环法、ZD 质量管理法、交互服务质量管理法、QC 小组法等。

1. 服务质量分析法

(1) ABC 分析法。通过对影响酒店服务质量诸方面因素的,以质量问题的个数和质量问题发生的频率为两个相关的标志,进行定量分析。用 ABC 分析质量问题主要由以下四个步骤构成:

① 收集服务质量问题信息;

② 分类、统计,制作服务质量问题统计表;

③ 根据统计表绘制排列图;

④ 分析找出主要质量问题。

(2) 质量结构分析图。质量结构分析图又称圆形分析图、饼分图。它根据酒店服务质量调查资料,将统计结果绘制在一张圆形图上。其具体分析如下:

① 收集质量问题信息;

② 信息的汇总、分类和计算;

③ 画出圆形图。

(3) 因果分析图又称鱼刺图、树枝图,是分析质量问题产生原因的一种有效工具。因果分析图分析过程如下:

① 确定要分析的质量问题,用 ABC 分析法等找出存在的问题;

② 发动饭店管理者和员工共同分析,寻找 A 类问题产生的原因;

③ 整理找出原因,按结果与原因的关系画出因果图。

2. PDCA 循环法

PDCA 循环工作法是由美国戴明提出来的,又叫戴明循环。指按计划(Plan)、实施(Do)、检查(Check)、处理(Action)这四个阶段进行管理工作,并循环不止地进行下去的一种科学管理方法。

3. ZD 质量管理法

"ZD"是英文 Zero-defects 的缩写。美国人克劳斯比于 20 世纪 60 年代提出的一种管理观念。含义是无缺点计划管理,即零缺点管理。方法步骤如下:

① 建立服务质量检查制度;

② DIRFT 即每个人第一次就把事情做对(Do It Right the First Time);

③ 开展零缺点工作日竞赛。

4. 交互服务质量管理法

酒店交互服务质量管理是指为实现酒店交互服务质量的提高,而采取的加强交互过程的控制、服务人员的培训,并创造顾客参与环境等管理活动。

5. QC 小组法

QC(Quality Control)小组,即质量管理小组,是指在各个岗位上工作的员工,围绕企业的方针目标和现场存在的问题,以改进质量、降低消耗、提高经济效益为目的组织起来,运用质量管理的理论和方法开展活动的小组。QC 小组法的实施步骤如下:

① 调查现状;

② 分析原因;

③ 制定措施;

④ 按计划实施;

⑤ 检查效果;

⑥ 制定巩固措施;

⑦ 遗留问题的处理。

20.3　总结提高

随时收集整理酒店质量管理过程中发现的新问题,并及时提出解决办法;改进管理策略和手段,避免发生类似问题。

知识链接20-1

酒店全方位质量管理

酒店全方位服务质量管理的内容包括:

1. 通过利用和开发酒店现有的设备,向宾客提供质量的食、宿、行、娱、购,以及健身、交流、洽谈生意、会议等各方面的服务。

2. 通过市场的调研与探索,开发具有地方特色、本酒店特色、符合市场需求的产品,以满足住店顾客与地方消费者的需要,扩大经济效益。

3. 通过业务部门与公关部门的广告、宣传以及设施改进和服务质量的提高,创造酒店的声誉和口碑,招待更多的客源,增强酒店的竞争力。

4. 通过与旅行社的业务联系,扩大业务关系,保证有较高的团队入住率以及增加酒店涉外的声誉。

5. 通过与有关商品部门、工艺部门协作,提供高质量的旅游生活必需品和旅游纪念品,扩大酒店商场的服务项目,增加效率。

6. 通过与其他有关行业的联系,为宾客提供多口径的服务项目。

7. 通过专业教育和岗位培训,提高各级管理人员和服务人员的专业水平和服务水平。

8. 通过人力、物力、财力的决策计划、组织、协调与监督等管理工作,提供高质量、高效率的酒店管理。

关键点控制

关键点控制表见表 20-1。

表 20-1 关键点控制表

关键点控制	细化执行
1. 酒店的质量质量管理规程	酒店总经理办公室
2. 酒店质量管理程序	酒店总经理办公室
3. 酒店质量检查表的制定	各层级各部门质量检查表

阅读材料20-1

让顾客满意的八大要素

酒店经营中,宾客的满意是酒店管理层所追求的目标,宾客的满意也是评价酒店服务质量最好的标准。酒店应向宾客出售什么样的服务产品呢?应该是"顾客满意"。在酒店的对客服务工作中,服务人员应注意以下八方面的要素。

一、微笑、问候、礼貌

每一位入住酒店的客人,在踏入酒店大门时,都希望见到酒店员工亲切的微笑、热情真诚的问候、彬彬有礼的举止,这也是酒店留给客人的第一印象。微笑,是人们共同期待的行为语言。微笑能拉近服务人员与客人之间的距离,也是客人得到尊重的第一感受和情感需求。

二、高效、规范、准确

无论是前台登记入住,还是餐厅用餐、客房服务,过久地让客人等待,都将使我们的服务质量打折扣,甚至会被客人投诉。客人外出探亲旅游、会议、经商,时间往往是很宝贵的,当然希望酒店提供的一切服务是快捷、规范、标准和准确无误的。

三、尊敬、关心、体贴

对酒店来说,客人是上帝、朋友、亲人,是衣食父母,其重要性不言而喻。酒店服务强调"关爱惊喜,体贴入微"的服务,尊重客人、关心客人、体贴客人,是酒店留住老顾客、吸引新顾客的有效措施,是提高服务质量、与客人建立朋友关系的基础。

四、诚实、守信、忠诚

酒店服务提倡诚意服务、诚信经营,要求明码标价、公示宾客,替客人着想,信守服务承诺,规范操作;诚实可靠、认真地为客人提供服务。诚实、守信和忠诚是酒店服务行业吸引客人、提升服务品牌的保证,也是客人对酒店信任与否、忠诚与否的心理反馈。

五、安全、舒适、方便

给客人提供安全舒适的环境,是酒店经营和管理的基本点。没有安全,就没有客人,更谈不上酒店的发展。客人出门在外,都希望一路平安、顺利。客人需要酒店有良好的安全环境,保证人身、财产安全,以及设备设施的使用安全、食品卫生安全。"安全、舒适、方便"是宾客对星级酒店一项基本的服务需求。

六、特色、文化、创新

客人希望入住酒店有特色、有文化,经营服务有创新,而不千篇一律。以往客人入住的房间都是西式床铺,当下榻于一家中式装修、有中式床铺的房间时,他会感到很亲切。不断创新的服务、经营特色,以浓郁的文化氛围,是宾客普遍的心理和精神需求。

七、绿色、环保、洁净

客人希望就餐的餐厅提供的美味佳肴是安全营养的绿色食品,希望酒店的内部装饰物、空气环境都能符合 ISO 14001 环境管理体系认证的要求,做到环境幽雅、具有文化氛围、空气清新、设施设备洁净。

八、交通、购物、旅游

地理位置和区域优势,是酒店生存和发展的重要的外部环境。客人当然希望下榻交通便捷、周边环境优美、治安状况良好、紧邻城市繁华商业街区的酒店。因此,应该根据酒店的实际情况努力为客人提供使之能够满意的服务。

资料来源:百度文库,http://wenku.baidu.com/view/c877c12de2bd960590c67799.html

实 战 训 练

一位客人在博客里这样写道:昨天到 A 市又去考察了一家五星级酒店,酒店的硬件设施没有什么可说的,可是服务真的很差。我坐出租车到酒店大门,一个工作人员不仅不打开车门,还远远地躲开,我以为他是门童,后来发现他不是,不过来来回回进出酒店几次,也没看到这个工作人员做什么事。后来我才发现门童是一个中东或非洲什么地方的老外,既不友好,衣服也稀奇古怪,当然除了说您好,其他什么中文他可能也不懂。在进门时,有一个高大的门童,既没有友好的表示,连说一个"您好"也好像蚊子一样小的声音。和浦东香格里拉酒店声音又清又脆的门童比差远了。

前台的员工居然当着客人的面讨论跳槽的事,显然酒店对员工不够重视,也缺少培训。餐厅接待的员工凑在一起就是不理客人。我到了三楼的餐厅,正准备到处看看时,不料身后的服务员却说"您干嘛?"五星级酒店的员工连起码的礼貌都没有。

1. 请为该酒店制订质量管理规程。
2. 请为该酒店制订质量检查体系。

学 习 测 评

学习评价表见表 20-2。

表 20-2　学习评价表

姓名		学号		班级	
任务		日期		地点	
任务开始时间:		年　月　日	任务完成时间:		年　月　日
检测内容			系数	分值	得分
1. 制定酒店质量管理规程			2.0	20	
2. 制定酒店质量管理程序			2.0	20	
3. 采取有效的酒店质量管理方法			5.0	50	
4. 总结提高酒店质量管理			1.0	10	
合计			10	100	

续表

认为做得好的地方：		
认为最不满意的地方：		
值得改进的地方：		
自我评价：	非常满意	
	满意	
	不太满意	
	不满意	
互评：		
师评：		
第三方评价：		

酒店质量控制

任务目标

1. 满足酒店质量评价的需求
2. 酒店质量的评价方法的选择
3. 有效地控制酒店质量

知识准备

1. 掌握酒店质量评价的方法
2. 掌握酒店质量评价的标准

▶ 任务实施

酒店质量控制流程如图 21-1 所示。

熟悉质量标准 → 明确评价主体 → 选择评价方法 → 进行质量评价 → 进行质量控制

图 21-1　酒店质量控制流程

21.1　熟悉酒店质量标准

（1）熟悉酒店质量目标和要求。

（2）熟悉酒店质量标准：

① 消除服务质量差距；

② 塑造服务的共同愿景；

③ 基准化，向榜样学习。

21.2　明确酒店质量的评价主体

酒店服务质量的评价主体包括顾客方、酒店方和第三方三个方面。

1. 顾客方

顾客是酒店服务的对象,满足顾客的需求使酒店的本职工作,酒店内部的一切,包括各种大小设施、典雅氛围以及训练有素的员工,都是为了宾客而设置的。因此,由服务的接受者来评价服务提供者的工作与质量是最直接、最有效的。

2. 酒店方

酒店是服务的提供者。由于酒店服务具有生产与消费同一性,因此,酒店服务与其他产品相比有其特殊性。酒店服务的这种特殊性要求酒店应注重服务的事前、事中与事后评价,以保证酒店服务部产生合格的产品。

3. 第三方

第三方指除消费者和酒店组织以外的团队和组织。目前我国酒店服务质量评价的第三方主要有国家及各省、市、县的旅游行政部门和行业协会组织。第三方既不代表接受服务的顾客利益,也不代表服务提供者的酒店利益,是独立于酒店服务供应方和需求方的评价主体。

21.3 选择合适的酒店质量评价方法

(1) 交易调查。在员工每次服务工作结束后调查客人的满意程度,收集客人的反馈信息。

(2) 暗查。调研人员以客人身份接受服务,评估服务质量。

(3) 新客人与流失的客人调查。调查新客人选购本酒店的原因、老客人在本酒店消费额减少的原因、流失的客人不再购买本酒店服务的原因。

(4) 专题座谈会。调查对象可以是本酒店的客人、竞争对手企业的客人,也可以是本酒店员工。

(5) 客人咨询委员会。通过会议、电话调查、问卷调查等方式,定期征求这个委员会的意见和建议。

(6) 服务实绩评论。定期走访一批客人,了解客人对本酒店服务的期望和评价。

(7) 客人投诉、评论和问询记录。酒店记录客人投诉、评论和问询情况,通过分类整理,可发现最常见的服务差错。

(8) 整个市场调查。调查本酒店竞争对手的客人对本酒店服务的全面评价。

(9) 员工现场报告。采用正式的程序收集、分类整理从员工在服务现场获得的信息,以便管理者了解客人对本酒店服务的期望和评价。

(10) 员工调查。员工直接为客人服务,了解本酒店服务质量问题产生的根本原因,能为改进服务工作提出许多宝贵的意见。

(11) 管理数据记录系统。企业记录、分类、整理、分发服务差错率、员工回应客人要求的时间、服务费用等经营实际数据,监控服务实绩,以便采用必要的措施,提高经营实绩。

(12) 管理者直接听取客人的意见。管理者有必要直接听取客人的意见,而不能只听取调研人员汇报量化的调研结果。

21.4 酒店服务质量控制

1. 准备阶段的质量控制

(1) 设施设备的质量预先控制,包括设施设备配备情况、设施设备质量检查情况。

（2）物资供应的质量预先控制，包括各种生活用品、服务用品的数量、质量、规格、供应时间、保证程度等。

（3）食品原料的质量预先控制，包括采购时间、品种、规格、储存保管及加工质量等。

（4）人力资源预先控制。酒店员工的思想准备，包括岗位培训、思想动员等。

（5）卫生质量预先控制。

2．服务过程中的质量控制

（1）服务质量程序控制。

（2）服务内容控制。

（3）根据服务对象差异，控制服务时机。

（4）人力资源控制。

（5）意外事件的控制。

（6）重视投诉，及时做好弥补服务。

3．服务后的质量控制

（1）建立酒店质量信息内外部反馈系统。

（2）收集酒店质量反馈信息。

（3）整理信息，总结经验，并存档形成客史档案。

（4）及时将质量信息反馈相关部门。

◈◈ 知识链接21-1 ◈◈

表 21-1 为质量控制的内容与标准示例。

表 21-1　某酒店质量控制的内容与质量控制标准

质量控制内容	各级质量控制内容	控制的质量标准
1．服务质量控制 （1）服务项目的设置 （2）设施设备的舒适性与维修保养 （3）设施设备的完好程度	（1）服务项目的设置 酒店（质管委）控制各部门 （2）设施设备的舒适性与维修保养 ① 酒店质管委控制工程维修保养质量和各部门的维护与保修质量；②运转中心控制各班组维修保养质量；③各部门（训导员、经理）控制各班组的维护与保修质量；④各班组（领班、主管）控制员工的维护与保修质量 （3）设施设备完好程度 ① 酒店质管控制各部门设施设备的完好程度；②各部门（训导员、经理）控制各班组设施设备的完好程度；③各班组（领班、主管）控制各岗位设施设备的完好程度	（1）满足顾客需求，且符合 GB/T 14308-2003-四星级饭店要求 （2）、（3）保持 GB/T 14308-2003-四星级饭店要求，设施设备的维修保养得分率在 95% 以上，并符合酒店设施设备维修保养标准
2．餐饮食品质量 （1）餐饮食品的生产质量 （2）餐饮食品的特色 （3）餐饮食品的花色品种	（1）餐饮食品的生产质量 ① 酒店质管控制餐饮食品的生产质量；②餐饮部控制各厨房餐饮食品的生产质量；③各厨房（各班组领班、主厨、厨师长）控制各厨师餐饮食品的生产质量	（1）～（3）满足顾客需求，且符合《食品卫生法》的要求

续表

质量控制内容	各级质量控制内容	控制的质量标准
2.餐饮食品质量 (1) 餐饮食品的生产质量 (2) 餐饮食品的特色 (3) 餐饮食品的花色品种	(2) 餐饮食品的特色 ① 酒店质管控制餐饮食品的特色；②餐饮控制各厨房的餐饮食品特色；③各厨房(各班组领班、主厨、厨师长)控制各厨师餐饮的特色 (3) 餐饮食品的花样品种 ① 酒店质管控制餐饮食品的花样品种；②餐饮控制各厨房食品的花色品种；③各厨房(各班组领班、主厨、厨师长)控制各厨师餐饮的花色品种	
3.劳务质量 (1) 服务态度 (2) 服务技巧 (3) 服务方式 (4) 服务效率 (5) 礼仪礼貌 (6) 清洁卫生	① (1)~(6)酒店质管控制各部门的服务态度、服务技巧、服务方式、服务效率、礼仪礼貌、清洁卫生 ② (1)~(6)酒店各部门(训导员、质管委)控制各班组的服务态度、服务技巧、服务方式、服务效率、礼仪礼貌、清洁卫生 ③ 各班组(领班、主管)控制各员工的服务态度、服务技巧、服务方式、服务效率、礼仪礼貌、清洁卫生	(1)~(5) 满足顾客需求，且符合GB/T14308-2003-四星级饭店要求，得分率在95%以上；并符合《酒店礼仪礼貌行为准则》，及各部门的操作实务 (6) 满足顾客需求，且保持GB/T 14308-2003-四星级饭店要求，得分率在95%以上；符合部门的操作实务
4.环境氛围质量 由酒店的装饰、环境卫生及美化、服务设施的布局、灯光音响、室内温度等构成	(1) 酒店质管控制各部门的环境氛围质量 (2) 各部门(训导员、经理)控制各班组的环境氛围质量 (3) 各班组(领班、主管)控制各员工的环境氛围质量	满足顾客需求，且保持GB/T 14308-2003-四星级饭店要求
5.工作质量控制 指酒店同服务质量直接相关的各个环节、各部门的经营管理工作、技术工作和组织工作的好坏	(1) 酒店质管控制各部门的工作质量 (2) 各部门(训导员、经理)控制各班组的工作质量 (3) 各班组(领班、主管)控制各员工的工作质量	满足营业部门、班组、员工对顾客的服务需求，且符合酒店《员工手册》和各部门操作实务要求

关键点控制

关键点控制表见表 21-2。

表 21-2　关键点控制表

关键点控制	细化执行
1.酒店质量评价的主体	评价主体的特点
2.酒店质量评价的方法	各评价方法的特色
3.酒店质量控制过程	接待前的控制、接待过程中的控制、接待后的控制

阅读材料21-1

"神秘客人"访店记

W 城市 N 三星级酒店,总经理为了提高饭店的服务质量,改变酒店在管理中存在的一些弊端,转变观念,树立正确的服务意识,决定从国内请一位服务质量检查和管理方面的专家对饭店的服务质量进行一次暗访,专家以"神秘客人"面目出现。专家来到饭店,以客人身份入住、消费,一天后,专家向总经理提交了一份报告,记录了该饭店在服务质量中存在的 140 多个问题,现将主要部门的问题列示如下。

客房(1 205 房):

- 电视开关控制不灵,31 个频道有 6 个频道有麻点;
- 热水瓶盖腐烂;
- 床单有 3 个小洞,浴巾大小、厚度不一;
- 脸盆热水管出凉水;
- 浴缸把手松动;
- 圆珠笔出油不畅;
- 柜子里棉被折叠不规范;
- 抽风机有噪音,空调过滤网错位;
- 缺晚安卡、航空信封、价格表。

前厅:

- 前台没有客人用的保险柜;
- 前台接待生问候语机械,推销意识差;
- 饭店正在进行"微笑大使"活动,问一名员工不知道搞过久、评选多少人、有何奖励;
- 晚上 11 时 30 分打电话至前台要求早叫,服务员答"请找总机"。

餐厅:

- 点菜后服务员没有复述菜名;
- 自助餐食品前没有放置食品牌;
- 餐厅有蚊蝇;
- 厨房与餐厅之间没有设置隔音、隔热、隔气味、进出分开的弹簧门,厨房的味道满餐厅都是;
- 餐厅地毯太脏;
- 用英语向 3 名服务员交流,都没有反应,等等。

当总经理把专家发现的 100 多个问题公布于众的时候,所有管理者都非常吃惊,"我们有这么多问题吗?"面对事实大家都陷入了沉思。

分析与讨论:暗访往往能将酒店内部人员没有意识到的问题检查出来。在本案例中,"神秘客人"发现了哪几类问题,分析问题存在的原因。如果你是"神秘客人",被饭店总经理聘请来帮助解决饭店的服务质量问题,你该如何着手?

实 战 训 练

1. 采用一种质量评价方法对当地某家星级酒店进行质量评价。
2. 对当地一家酒店质量控制进行调查并评价其效果。

学 习 测 评

学习评价表见表 21-3。

表 21-3　学习评价表

姓名		学号		班级	
任务		日期		地点	
任务开始时间：		年　　月　　日	任务完成时间：		年　　月　　日
检测内容		系数	分值		得分
1. 酒店评价主体确定		1.0	10		
2. 选择酒店质量评价方法		2.0	20		
3. 进行酒店质量评价		2.0	20		
4. 质量检查		2.0	20		
5. 接待前的质量控制		1.0	10		
6. 接待过程中的质量控制		1.0	10		
7. 接待后的质量控制		1.0	10		
合计		10	100		

认为做得好的地方：

认为最不满意的地方：

值得改进的地方：

自我评价：	非常满意	
	满意	
	不太满意	
	不满意	

互评：

师评：

第三方评价：

拓 展 提 升

请阅读以下书籍。

1. 陈志学. 饭店服务质量管理与案例解析[M]. 北京：中国旅游出版社,2006
2. 杨永华. 酒店餐饮行业推行 ISO 9000 标准实务[M]. 深圳：海天出版社,2003
3. 邱萍,李三山. 饭店质量管理[M]. 北京：科学出版社,2009
4. 齐善鸿. 饭店管理创新理论与实践[M]. 北京：人民邮电出版社,2006
5. 张玉玲. 现代酒店服务质量管理[M]. 北京：北京大学出版社,2009

酒店信息管理

模块说明

本模块中,学生将学习酒店信息化管理共有任务三个,即酒店信息采集;酒店信息分析;酒店信息传播。

本模块要实现的能力目标:

1. 能进行酒店信息采集。

2. 能分析酒店信息。

3. 能对酒店的信息有效传播。

教学建议

1. 设定情景,进行角色扮演。教师为某酒店总经理或信息管理负责人,学生为该酒店信息管理主管或工作人。

2. 课前分配任务,小组准备并完成任务,课堂汇报,教师点评,学生互评。

3. 教师解析下一任务内容。核心技能与概念,布置新任务。

任务 **22**

酒店信息采集

▶▶ 任务实施

酒店信息采集流程如图 22-1 所示。

图 22-1　酒店信息采集流程

22.1　确定信息采集的渠道

1. 明确采集范围

在采集原则下确定采集范围,可减少重复采集与信息流失的几率,是使酒店信息采集原则具有可操作性的基本措施。采集范围的确定需要同时考虑信息采集部门的职能与业务需求,若该信息涉及多个部门的需求,还得确定信息共享的范围。

2. 了解信息采集的渠道

信息采集的渠道主要有大众传媒渠道、出版发行渠道、信息系统渠道、人际关系渠道、文献情报机构渠道、专业性学会渠道、行业协会渠道、社会中介机构渠道、互联网渠道、信息发布机构渠道、各类会议渠道等。

3. 选择信息采集的途径

（1）查找公开信息。

（2）索取信息资料。

（3）交换信息资料。

（4）委托收集信息。

（5）实地采集信息。

22.2　酒店信息采集的程序

1. 确定信息采集的目标

（1）确定信息采集的主题。从以下几个方面分析酒店为特定目的所需信息的具体内容。

① 确定要进行信息采集目的。

② 确定想要了解或知道的内容。

③ 信息分析的价值。

④ 选择经济有效的方法。

（2）预算。酒店工作人员估算完成此项信息采集任务所需的人力、物力、财力和时间。

（3）确定信息采集的总体目标和具体目标。

① 确定信息采集的总体目标。

② 根据总体目标,确定信息采集的具体目标。

2. 确定所需材料和收集现有材料

（1）初步情况分析。

（2）收集现成资料。

（3）制定采集计划。

3. 组织实地采集信息

酒店信息部门根据信息采集计划,组织人员实施计划。

4. 信息整理分析

酒店相关人员运用各种信息分析方法,对采集的信息进行整理分析。

5. 编写分析报告

在信息整理分析的基础上,撰写信息采集分析报告,供酒店相关部门经营决策参考。

22.3　选择酒店信息采集的方法

（1）确定信息来源。

（2）确定信息采集方法。根据信息采集要求,选择合适的信息采集方法。常用的信息采集方法有以下方法(如图 22-2 所示)。

① 问卷调查法;

② 文案调查法;

③ 询问调查法;

图 22-2　酒店信息采集的数据来源

④ 观察试验法。

（3）问卷设计。

① 把握调研的目的和内容。

问卷设计的第一步就是要把握调研的目的和内容，这一步骤的实质其实就是规定设计问卷所需的信息。

② 搜集有关信息采集主题的资料。

③ 确定调查方法的类型。不同类型的调查方式对问卷设计是有影响的。在面访调查中，被调查者可以看到问题并可以与调查人员面对面地交谈，因此可以询问较长的、复杂的和各种类型的问题。在电话访问中，被调查者可以与调查员交谈，但是看不到问卷，这就决定了只能问一些短的和比较简单的问题。邮寄问卷是自己独自填写的，被调查者与调研者没有直接的交流，因此问题也应简单些并要给出详细的指导语。

④ 确定问卷中每个问题内容。决定了访问方法的类型，下一步就是确定每个问答题的内容：每个问题应包括什么，以及由此组成的问卷应该问什么，是否全面与切中主题。

⑤ 决定问题的结构。一般来说，调查问卷的问题有两种类型：封闭性问题和开放性的问题。开放性问题，又称为无结构的问题，被调查者用他们自己的语言自由回答，不具体提供选择答案的问题。

⑥ 决定问题的措词。

⑦ 安排问题的顺序。

⑧ 确定格式和排版。

⑨ 拟定问卷的初稿和预调查。

⑩ 制成正式问卷。

（4）抽样设计。

抽样调查的适用范围。

① 对一些不可能或不必要进行全面调查的社会经济现象，最宜用抽样方式解决。

② 在经费、人力、物力和时间有限的情况下，采用抽样调查方法可节省费用，争取时效，用较少的人力、物力和时间达到满意的调查效果。

③ 运用抽样调查对全面调查进行验证，全面调查涉及面广、工作量大、花费时间和经费多，组织起来比较困难。但调查质量如何需要检查验证，这时，显然不能用全面调查方式进行。

④ 对某种总体的假设进行检验，判断这种假设的真伪，以决定行为的取舍时，也经常用抽样调查来测定。

抽样方案设计的主要步骤。

① 定义总体及抽样单元。

② 确定抽样框。

③ 选择抽样技术。

④ 确定样本量的大小。

⑤ 制订实施细节并实施。

◈ 知识链接22-1 ◈

酒店信息化引领酒店业未来新格局

酒店信息化是以信息技术和网络技术为支撑,将酒店管理信息数字化,同时为顾客提供数字信息技术产品,借助计算机和 Internet 进行辅助管理和服务的模式。这其中就包括了两个方面的内容。其一,利用计算机、网络技术建立以酒店信息为管理中心的系统,如酒店电子商务、网上预定系统、酒店管理信息系统(HIS)、酒店客户关系管理系统(CRM)等。其二,利用计算机、多媒体、网络技术等信息技术,为酒店客人提供个性化的数字信息产品,如客房宽带、可视电话、网络游戏等,其目的在于满足顾客的多样化和个性化需求,增加酒店收入。

借助现代科技的酒店内部多种管理信息系统和基于 Internet 的酒店集团管理信息系统,不仅可以降低酒店运营成本、提高管理效率、全面整合酒店(集团)资源,而且数字信息产品培植了酒店新的营业收入增长点。信息技术的使用,使得管理者可以随时掌握酒店的经营状况,增强各部门之间的协作,从而可以大大传统酒店运行中的流程,降低酒店人力资源成本。虽然酒店信息化是一项耗资巨大的系统工程,但它给酒店带来的总收益将远远超出其成本。

信息时代互联网的发展和应用,改变了酒店的营销方式、拓宽了营销领域、丰富了营销技术,如何借助网络的信息化平台开展酒店网络营销、开展有特色的服务、优化酒店管理的流程,成为酒店业竞争的新内容。同时,企业经营管理思想和理念可以说是酒店的核心竞争力之所在,酒店信息化建设的过程也是贯彻实施管理理念的重要途径,谁先采用了先进的科技手段,谁就将增加自身的核心竞争力,谁就将抢占市场的先机。

从目前我国酒店的客源市场构成来看,随着中国对外开放和参与国际经济交流和合作的不断深入,旅游业的蓬勃发展,来华外国客人的数量逐年增加,世界旅游组织预测中国在 2020 年将成为世界最大旅游目的地,接待旅游者人数将达 13 710 万人次,庞大数量的接待任务需要高效率的信息流程管理,尤其是商务客人的数量将有较大的增长,信息化商务酒店将为客人营造良好的网络环境,顺应我国制定的旅游信息化战略决策,更好地适应未来酒店发展的需要。

在酒店信息化建设上,大多数酒店只重视硬件的高档配置,而没有考虑实际和未来的发展需要,同时在员工的操作技能培训上不够重视,除了少数高档次、大型酒店和酒店集团外,很少配备专业计算机网络人才,对系统的开发缺乏专业论证,总想一步到位,事实上酒店信息化建设实施过程也是贯彻酒店经营管理理念和经营思路的过程,是将信息化技术和酒店服务相结合的新发展,它完全改变了酒店的经营理念和竞争模式,大多数酒店经营者没有把信息化建设与提高酒店的经营管理、竞争和长期效益结合起来。

另外,我国国内的酒店集团与国外酒店集团相比规模还不是很大,酒店集团内部缺少较为先进的信息网络系统,早在 1965 年假日酒店集团就建立了自己独立的计算机预订系统,现在拥有的 Holidex2000 是世界上最大规模的民用酒店电子计算机网络,而国内酒店集团在这方面的投入和研发不足;对单体酒店而言则难以支撑高额的信息化工程投资成本、运营成本、维护成本和升级成本,资金成为制约酒店加快信息化步伐的瓶颈。

整体上来看,我国酒店信息化水平偏低,目前我国酒店信息化还仅限于简单信息发布和初级计算机辅助管理阶段,缺乏个性化和人性化发展以及全行业的整体协调发展,因而电子信息技术还需要在酒店行业寻求更深层次的应用。

资料来源:中国饭店网

关键点控制

关键点控制表见表 22-1。

表 22-1　关键点控制表

关键点控制	细化执行
1. 确定信息采集的渠道	采集渠道选择
1.1 明确采集范围	信息采集的要求、范围
1.2 了解信息采集的渠道	信息渠道
1.3 选择信息采集的途径	采集途径
2. 酒店信息采集的程序	信息采集程序
2.1 确定信息采集的目标	确定目标
2.2 确定所需材料和收集现有材料	信息采集材料
2.3 组织实地采集信息	人员安排、采集计划
2.4 信息整理分析	整理、分析信息
2.5 编写分析报告	撰写报告
3. 选择酒店信息采集方法	信息采集表
3.1 确定信息来源	信息源的选择
3.2 选择信息采集方法	问卷
3.3 实地采集	抽样

阅读材料22-1

酒店业信息化提升酒店档次　吸引高端客户

"这不仅是酒店业的竞争,更是电信运营商之间的竞争。"一位运营商内部负责人如此表示。随着日前白天鹅宾馆与中国移动广东公司广州分公司(以下简称"广州移动")结盟打造中国第一家信息化酒店,从而拉开了国内酒店信息化竞争的序幕,亦启动了运营商之间新的竞争。

先进信息化将吸引高端客户

据介绍,白天鹅宾馆数字化后,工作人员可通过手机随时查询所有入住用膳客户的各种资料以便提供个性化服务。移动 POS 机业务,先进的会务签到系统亦同步推出。此外,宾馆内部管理中,移动信息化的应用将使白天鹅内部沟通变得更加畅通无阻,真正实现无纸化办公。

将新通信方式视作提升自身竞争力的豪华酒店并非仅仅只有白天鹅宾馆一家。据相关人士透露,在获悉白天鹅宾馆全面进行信息化建设后,另一家广州顶级酒店香格里拉随即向广州移动打听信息化项目的情况。

豪华酒店成运营商最佳试验田

国内酒店业竞争升级亦导致国内运营商集团客户部门竞争加剧。随着重组即将结束,中国移动、中国电信和中国联通等国内三家电信运营商均实现全业务经营。蓬勃发展的国内酒店业自然成为集团客户竞争的重点。

有业内分析师预计,豪华酒店很可能会成为运营商全业务经营的最佳试验田,包括 3G 应用、IPTV、超高速上网、游戏、视频点播、内容信息服务乃至各种通信创新都可能在豪华酒店出现。

"几十元一个月的 IPTV 如果在家庭使用看似昂贵,但就酒店中使用,则非常便宜。"电信观察家项立刚认为,豪华酒店不但需要大量宽带业务,更需要类似 IPTV 等新业务。

此外,豪华酒店亦让传统语言业务以更新的经营模式运营。项立刚介绍,在昆明一些豪华酒店已经与运营商合作,实现打任何长途电话均不收费用。

资料来源:中国航空旅游网 . http://travel.sina.com.cn,2009-04-02

实 战 训 练

1. 作为广州一家三星级酒店的信息采集人员,该酒店现急需了解酒店目标顾客的相关信息,请采集酒店消费者信息和酒店市场形象信息。

2. 请采集当地该酒店的竞争对手信息,包括竞争对手基本信息、价格信息和经营活动信息。

学 习 测 评

学习评价表见表 22-2。

表 22-2　学习评价表

姓名		学号		班级	
任务		日期		地点	

任务开始时间：　　　　年　　月　　日		任务完成时间：　　　　年　　月　　日		
检测内容	系数	分值	得分	
1. 信息采集的渠道	2.5	25		
2. 酒店信息采集的程序	2.5	25		
3. 明确采集范围	1.0	10		
4. 选择酒店信息采集方法	0.8	8		
5. 实地采集	3.2	32		
合计	10	100		

认为做得好的地方：

认为最不满意的地方：

值得改进的地方：

自我评价：	非常满意	
	满意	
	不太满意	
	不满意	

互评：

师评：

第三方评价：

酒店信息分析

1. 能对酒店采集的数据进行筛选与鉴别
2. 能对信息进行分类
3. 掌握酒店信息评价方法

知识准备

1. 掌握各种信息存储方式的优势和不足
2. 了解酒店信息分析的原则

▶▶ **任务实施**

酒店信息分析流程如图 23-1 所示。

图 23-1　酒店信息分析流程

23.1　酒店信息的鉴别与筛选

1. 酒店信息鉴别

（1）酒店信息鉴别的内容。从以下五个方面来鉴别酒店信息内容：

① 信息源的可靠程度；

② 信息的真实性；

③ 信息的保障性；

④ 采集方法的科学性；

⑤ 信息内容的相关性。

（2）酒店信息鉴别的方法。鉴别方法包括：

① 核查法；

② 判断法；

③ 比较法；

④ 分析法。

（3）对酒店信息分类和排序。

① 确定信息分类方法。有地区分类法、内容分类法、主题分类法、时间分类法和综合分类法等。根据实际情况确定酒店信息分类方法。

② 实施信息分拣。

③ 对信息进行排序。

2. 建立酒店信息筛选的评价体系

（1）确立目标层。

① 组织酒店现有信息资源，围绕酒店战略、经营、管理、生产、服务等开展信息处理工作，为酒店各层次提供所需信息。

② 确立目标。

（2）建立评价指标集。

（3）确定评价指标权重集。

① 采用专家调查法确定权重。

② 采用层次分析法与专家调查法确定权重。

③ 完全采用平权的方法。

23.2　酒店信息的分析方法

酒店信息的分析方法分为三大类：定量分析方法、定性分析方法、定量与定性相结合的方法。具体而言，酒店信息分析方法如下。

（1）情景分析法；

（2）德尔菲法；

（3）比较法；

（4）回归分析法；

（5）时间序列法；

（6）层次分析法；

（7）模糊综合评价法；

（8）线性规划法；

（9）引文分析法。

23.3　酒店信息的储存

（1）确定信息储存的目标。

（2）选择信息储存的技术。酒店根据信息储存目标和信息储存的要求，选择合适的储存技术。

① 印刷储存技术；

② 微缩储存技术；

③ 光盘储存技术；

④ 计算机储存技术。

（3）酒店客户数据库建设。

① 选择建立酒店客户信息库的方法。

② 建立酒店客户信息库。

23.4 酒店信息的安全

1. 酒店信息安全体系构建

酒店信息安全管理体系构建主要包括以下内容。

（1）建立信息安全管理体系环境，进行风险评估。

（2）实施并运行信息安全管理体系。

（3）监督并评审信息安全管理体系。

（4）改进信息安全管理体系。

2. 酒店信息安全网络管理技术

酒店信息安全管理是通过维护信息的机密性、完整性和可用性等，来管理和保护酒店信息资产的一项体制，是对信息安全保障进行指导、规范和管理的一系列活动和过程。酒店信息安全技术包括信息保密技术、信息隐藏技术、信息认证技术、密钥管理技术、数字签名技术等。

3. 酒店信息安全监控与管理

知识链接23-1

信息采集表如表 23-1 所示。

表 23-1 中国会议酒店排行榜信息采集表（2009 年度）

填报单位				所在城市	
负 责 人		电 话		传 真	
联 系 人		手 机		E-mail	
通信地址				邮 编	
项 目	细 分			数 据	
品牌影响	本年度宣传经费（万元）				
	所获荣誉次数（请把所获得的奖项名称附调查表后）				
硬件设施	最大会议室面积（m²）				
	会议室数量（个）				
	客房数量（间）				
	800m² 以上会议室数量（个）				
经营业绩	五百人以上会议场次（不含政府会议，请提供名单）				
	全年接待最大十个会议的收入（万元）				
人员素质	酒店在职员工大学以上学历构成比例（%）				
	酒店在职员工接受外聘培训教育的场次（次）				

续表

项　目	细　分	数　据
环境与配套	酒店交通(A:机场;B:火车站;C:高速公路)	
	酒店所在景区的评级状况(3A-5A)	
	酒店所评星级	

注:每项中有 A\B\C 注释的,在数据中请选择"A+B+C"的模式。

序号	会议名称(500人以上)	时间	与会人数

填表单位(盖章)
年　月　日

资料来源:中国会展在线. http://www.cce.net.cn/hysd/files/jdph.doc

关键点控制

关键点控制表见表 23-2。

表 23-2　关键点控制表

关键点控制	细化执行
1. 酒店信息的鉴别与筛选	鉴别筛选信息
1.1　酒店信息鉴别	信息鉴别
1.2　建立酒店信息筛选的评价体系	信息评价
2. 酒店信息的分析方法	信息分析
3. 酒店信息的储存	信息存储
3.1　确定信息储存的目标	存储目标
3.2　选择信息储存的技术	存储技术
4. 酒店信息的安全	信息安全

阅读材料23-1

旅游酒店集团信息化建设取得突破性进展

　　旅游酒店集团为了实现一体化与多元化发展战略,并形成更大的规模经济和范围经济,而有计划地通过现代信息技术和互联网平台来打造集实时在线旅游咨询、服务、经营与管理为一体的,跨越时间与空间范围和行业与产业界线的公共互动旅游服务平台的过程。

　　近年来在旅游酒店企业信息化发展方面取得突破性进展。相关酒店企业或项目包括："海航"在 2003 年启用的网络版前台运营管理系统(PMS)，中国互联网酒店联盟在 2004 年搭建的公共旅游服务平台雏形，"开元"在 2004 年推出的网络版企业资源规划系统(ERP)，"锦江"在 2005 年合资开发的中央预订系统(CRS)，金陵在 2006 年推出的电子网络采购系统(EPS)，2006 年问世的天下旅游产品交易所和畅联在线交易处理平台等。催进旅游酒店业"信息化"发展趋势的主要动因也有三个方面：

　　其一，旅游产业的信息密集性：旅游业的信息密集性主要体现在旅游业的信息节点众多，信息处理量巨大，信息形式的多元复杂性。具体表现为：交易的异地性、产品的无形性、消费的体验性，无法事先试用和检验，依靠形象促销、动态性(产品和价格经常变化)、强调多个子行业紧密协作配合等。信息还是旅游酒店企业决策和产品开发的重要依据。因此，旅游产业的信息密集性决定了酒店业及其他旅游行业的信息化发展趋势。

　　其二，旅游酒店企业的联盟化需要：近年来，为了应对中国"入世"的挑战、改变"散、小、弱、差"的局面，中国旅游业的联盟化发展趋势越来越明显。譬如：通过行政纽带组建的首都旅游集团、上海锦江国际、广州岭南企业集团、港中旅集团等酒店集团。通过产权纽带组建的泰达国际旅游集团、开元旅业集团、海航酒店集团等酒店集团。通过网络纽带组建的中国主题酒店联盟、中国酒店互动联盟等。旅游酒店企业联盟化带来了新的信息服务需求，如：综合化、一体化的产品或服务的提供需要广覆盖的信息网络来支撑，才能实现信息的快速传递以及共享。构建一个跨地区、跨行业、跨平台的大网络，使内外信息充分共享，传递更加及时迅速，是旅游酒店企业打造"大旅游"、提升竞争力、从"做大"到"做强"的必然途径。

　　其三，旅游酒店市场的个性化需求：近年来，自主型、个性化、自由人式的旅游正在逐渐取代传统的随团旅游，旅行者可以自由安排旅游时间，自行设计旅游线路，自主选择食、宿、娱等内容，并能够从中完全体验到旅游的乐趣与刺激。个性化旅游需要旅游者在出行前就很好地了解旅游目的地的信息，并据此做出选择或决策；在旅游者到达一个陌生的目的地之后，就更需要对酒店等供求方面的信息进行全面、细致的了解。此外，酒店为了吸引回头客并满足个性化需求，也需要为每个顾客建立个性化客史档案和客户关系管理系统。因此，个性化旅游酒店市场的需求决定了酒店业及其他旅游行业的信息化发展趋势。

　　资料来源：根据迈点网相关资料整理

实 战 训 练

1. 对本模块任务一中所采集回来的信息进行分析，并形成分析报告。
2. 对该酒店内部经营管理信息进行分析，并提出改进措施。

学 习 测 评

学习评价表见表 23-3 所示。

表 23-3　学习评价表

姓名		学号		班级	
任务		日期		地点	

任务开始时间：　　　　　年　　月　　日			任务完成时间：　　　　　年　　月　　日		
检测内容			系数	分值	得分
1. 酒店信息鉴别			0.5	5	
2. 建立酒店信息筛选的评价体系			2.5	25	
3. 酒店信息筛选			1.0	10	
4. 酒店信息的分析方法			1.8	18	
5. 酒店确定信息的储存目标			1.7	17	
6. 选择信息储存的技术			1.5	15	
7. 酒店信息安全			1.0	10	
合计			10	100	

认为做得好的地方：

认为最不满意的地方：

值得改进的地方：

自我评价：	非常满意	
	满意	
	不太满意	
	不满意	

互评：

师评：

第三方评价：

酒店信息传播

1. 满足公众对酒店信息的需求
2. 树立酒店良好的企业形象
3. 提高酒店知名度

知识准备

1. 掌握各种传播渠道的优势和不足
2. 了解劳动力市场的供需状况

▶ 任务实施

酒店信息传播流程如图 24-1 所示。

图 24-1　酒店信息传播流程

24.1　酒店经营信息的策划

1. 酒店广告信息策划

（1）增强酒店广告信息的创意。

（2）围绕酒店广告信息的主题。

2. 酒店企业形象策划

从形象的角度对酒店进行理念、行为和视觉等方面的规划和管理,有目的、有计划地规范酒店的价值观、目标、公关策略、服务营销、品牌标志、广告等,将酒店的内部文化和外部表现结合起来,内外兼修,构成形象的合力,从而冲击市场,赢得消费者的信任与支持。

24.2　酒店信息传播策划

（1）确定酒店目标客源在不同购买阶段所需信息。

（2）确定酒店信息传播的目标。

（3）确定信息传播吸引力的重点。

24.3　确定酒店经营信息的传播内容

1. 传播酒店产品信息

酒店有针对性地向消费者提供酒店餐饮、客房等有关产品信息。

2. 传播酒店服务信息

（1）酒店服务的方式。

（2）酒店服务的内容。

（3）酒店服务的地点。向消费者传播酒店的地理位置信息。

3. 传播酒店消费观念、形象信息

（1）创造消费观念

酒店通过信息传递创造某种意识和观点，使得消费者树立一种有利于推销酒店产品的观念。

（2）提升酒店形象

酒店在市场定位的基础上，有针对性地向目标市场传递有关酒店的经营目标、经营理念、企业文化等内容。

4. 传播酒店促销活动信息

及时向公众传播酒店的各项促销活动信息。

5. 传播酒店社会活动信息

准确地向公众传播酒店参与社会公益活动及重大接待活动信息。

24.4　选择酒店信息传播途径

1. 熟悉酒店信息传播媒体特征

（1）酒店信息传播各类媒体的优势。

（2）酒店信息传播各类媒体的劣势。

2. 选择适当的传播形式和媒介

（1）制定选择信息传播媒体的标准和依据。

（2）依据标准，选择适当的传播形式和媒介。

24.5　制定实施酒店信息传播方案

（1）制定酒店信息传播方案。

（2）决定酒店信息传播费用预算。

① 选择酒店信息传播经费预算的方法；

② 预算酒店信息传播经费。

（3）实施酒店信息传播方案。

① 实施酒店信息传播方案；

② 调整或修正酒店信息传播实施方案。

（4）酒店信息传播方案实施效果评估。

阅读讨论

根据调查显示,21 世纪酒店客人消费需求将更加追求个性化,求新与多变。网上酒店一方面让顾客事先就可以了解自己所订酒店的位置、价格与类型等,通过虚拟客房,让顾客在入住前就能充分体验酒店的有关产品与服务。另一方面,酒店可以更多地从网上信息平台获取顾客们的兴趣与偏好,针对客人的个性需求和自身能力重新整合酒店产品,全面提升对客服务和酒店管理,充分体现酒店与顾客共同设计产品的特色,客人们在自己参与"设计"的酒店里,会得到最大程度的满足。

酒店经营需要大量的物资,采购量大,成本难以控制成为酒店经营的一大难点。EOS (Electronic Ordering System)即电子订货系统在酒店的运用,则可以在根本上解决这一问题。电子订货系统是指将批发、零售商所发生的订货数据输入计算机,即刻通过计算机网络连接的方式将资料传送至总公司、批发业、商品供货商或制造商处。因此,EOS 能处理从新商品资料的说明直到会计结算等所有商品交易过程中的作业,可以说 EOS 涵盖了整个商流。

在网络技术迅速发展的今天,EOS 成为现代化物流管理中的重要一环,它使得零库存得以实现。

在商品经济日益发达的今天,为客人提供信用消费成为酒店竞争的一大手段,然而由此引起的拖欠款却令酒店老总大伤脑筋,运用 IT 技术进行交易结算,可使资金周转更快捷、更经济。利用网络从事金融和贸易方面的活动,逐渐成为发展的潮流,随之相伴而生的电子化货币也向我们走来。今天,大多数的酒店和客人都是在持续一段的消费之后将一大笔款项支付出去,这种计算方法是笼统而不经济的,比如电费的支付就应该以小时为单位。电子化货币使这样的精确支付成为能,当信用卡持卡者能够以小时为计算单位,向信用卡提供者或资金出借者给付借款,那么酒店对于费用和资金流动方式的控制将会比现在精确得多。同样的,酒店也会使账户流动更加顺畅和迅速。

网上营销以其信息量大、覆盖面广而成为众多酒店最早接触电子商务的领域,但从目前酒店网上营销的运用来看,还仅仅只限于简单的信息发布和接受客人预订等方面,这虽然在一定程度上提高了酒店客房的利用率,却不能从根本上解决酒店产品闲置所造成的价值损失。酒店网络营销可引入分时营销新概念,RCI(Resort Condominiums International)分时度假交换公司则是这方面成功的典型。酒店业全面引入 RCI 模式,推出"酒店房东权益证"的全新概念商品,融合其使用权、选择权、收益权、交易权、赠让权和优惠权为一体,既是消费又是储存,既是服务又是家产,既可自用又可赠送,可以大大加速酒店空房销售,全面提升酒店和客人的综合效益,真正实现酒店的无区界销售。

如何看待电子商务的发展,对于酒店信息管理有何关联?

◇◇ 知识链接24-1 ◇◇

完善酒店信息化之三大助手

随着酒店信息化的不断推进,电信运营商、内容提供商和社会化订房中心也从网络、电视点播和呼叫中心等各个维度,为酒店业提供功能性模块,成为酒店信息化新的"左膀右臂"。

电信运营商——

运营商对酒店信息化基本围绕网络功能展开。在客房服务方面,包括为酒店客房提供宽带接入,客房计算机终端出租和各种形式的IP电话,住客也可以通过网络进行VOD点播。而在常常举行各种会议的商务酒店中,运营商则开始部署各种集视频、音频和数据于一体的交互式多媒体通信业务。

以中国电信的"新视通"为例,用户可通过点对点呼叫、多点主叫呼集、网上预约等方式召开视频会议,并可在会议中自主控制会议时间、延长会议时长、增加会议方数,每个客户可看到多个画面、具有多种方式的多画面组合等。此外,"新视通"具有远程播放幻灯片等功能,可在"面对面"交流的同时,将会议使用的有关文件、资料、图片等与异地的分会场共享。用户可通过普通电话加入会议,接收视讯会议的音频信息,也可以进行远端发言。

内容提供商——

随着版权意识的提高,在酒店信息化中也有越来越多的内容提供商参与进来,为住客提供服务。以北京安美为例,市场部王紫萱介绍说,通过与电影发行公司合作,安美建立了自己的首播院线,住客只要付费,就可以欣赏到与电影院线同步的最新大片,同时还可以通过电视点播多达数千部影片,并收看各家电视台提供的正版电视剧集,同时还可以通过电视屏幕收到天气、外汇、航班、本地交通状况等实时信息。对于内容提供商来说,高星级酒店住客的消费能力使它们有机会通过各种增值服务获得利润,同时也提高了酒店的服务水平。

社会化订房中心——

如果说前两者是酒店双手欢迎的,那么对社会化订房中心,酒店业则是爱恨交织。

一方面,以携程、e龙为代表的社会化订房中心,以技术密集+劳动密集的模式,在酒店客户和酒店之间建立联系,使酒店获得了更多客源;但在另一方面,15%以上的分成也大大挤压了酒店的利润,而可能出现的行业垄断更让各酒店担心。尽管经济型连锁酒店也在纷纷建立自己的订房中心,但国内单体酒店在这方面处于绝对的弱势,举一家酒店之财力是不可能完成这类项目,它们亟须加入相应组织或建立行业综合服务体系。

资料来源:完善酒店信息化三大助手〔N〕. 载经济时报,2010-03-22

关键点控制

关键点控制表见表24-1。

表 24-1　关键点控制表

关键点控制	细化执行
1. 确定酒店经营信息的传播内容	信息发布内容
1.1　酒店产品信息	产品信息
1.2　酒店服务信息	服务信息
1.3　酒店消费观念、形象信息	形象信息
2. 酒店经营信息的策划	经营信息策划
2.1　酒店广告信息策划	广告信息
2.2　酒店企业形象策划	形象信息发布
3. 酒店信息传播策划程序	策划程序
3.1　确定酒店目标客源在不同购买阶段所需信息	客源信息需求分析
3.2　确定酒店信息传播的目标	发布目标
3.3　确定信息传播吸引力的重点	理性、情感、道德吸引力
4. 选择酒店信息传播途径	信息发布途径
4.1　熟悉酒店信息传播媒体特征	媒体选择
4.2　选择适当的传播形式和媒介	信息发布形式
5. 制定实施酒店信息传播方案	信息传播方案
5.1　制定酒店信息传播方案	制订方案
5.2　决定酒店信息传播费用预算	费用预算表
5.3　实施酒店信息传播方案	实施方案
5.4　酒店信息传播方案实施效果评估	效果评估表

阅读材料24-1

某酒店广告推广策划方案

1. 本酒店目标消费群分析

我们的目标受众人群是：高级商业白领人士和私人企业主或老板。

2. 广告语定位

品尝最美丽的时光

广告语阐释：

（1）力求生动化的语言打动消费者的心灵，表现本酒店完善可人的服务态度，为客人提供人生最美妙的娱乐时光，并且形象的说明酒店内一体化的服务方式，具有很强的诱惑性和体贴感。

（2）我们的目标消费群体是一群喜爱放松自我，真正享受生活的一种人，他们大部分社交广泛，结交频繁，在生意场和工作上会经常需要在一片安静的以及充满乐趣的地方畅谈、交流和享乐，这样的广告语很易于感染收人群接受我们的服务。

（3）这广告语易于传播，扩大品牌知名度，简洁明了，富有想象力，比较贴切本酒店的服务宗旨和企业理念，为争取到更多的消费顾客打下了基础。

3. 某酒店媒体发布计划

以 2004 年 3 月 10 日至 6 月 10 日第一个月为例,见表 24-2。

表 24-2　媒体发布计划

媒体名称	发布时间	发布版面	发布规格	刊例价格
《大河报》	3 月 11 日 周三	封面	题花	1 800 元
	3 月 12 日 周四	A2-A5 版	四分之一通栏	5 000 元
《郑州晚报》	3 月 11 日 周三	二三版	彩色四分之一版	16 800 元
夹报	3 月 25 日	精美单页	16 开	20 000 元
户外广告	3 月 10 日到 4 月 10 日	200 平方米	醒目画面	100 000 元
《快乐生活》杂志	每月一期	2 个页面	封一或封二	18 000 元
分众媒体	三个月 15 秒	影视	100 台	228 000 元

三个月广告费用合计为 660 400 元。

4. 广告推广效果评估及监测

(1) 某广告公司专业的市场调查团队

公司拥有八人组成的项目调研小组,随时对酒店广告推广的品牌知名度,认知度,影响力,广告受众心理,进行多方面的走访和详细的市场摸底调查,认真及时地反馈消费者的产品市场状况和目标消费群的不同声音。

(2) 项目广告推广效果评估

针对调研的结果,市场调查小组进行科学的市场评估,递交给公司营销策划小组一份详细的市场调查报告。

(3) 项目广告推广效果监测

经过公司专业的企业营销策划人员细致的分析,召开研讨会商讨之后,针对目标受众所反映的具体情况,迅速改进营销措施,弥补广告策略在内容、形式、方法等方面的缺憾,步步为营,一点一滴的积累起丰富的市场经验,取之于民,而用之于民,逐步将酒店的广告推广效果发挥到最大水平。

实 战 训 练

1. 北京一家以中国传统文化为主题的酒店正筹备开业,拟需对外发布信息,你该如何提升酒店市场形象和知名度?

2. 你所在的酒店由于受竞争对手的误导,对酒店产生一些负面影响,消费者信心也不足,对此该如何应对?

学 习 测 评

学习评价表见表 24-3。

表 24-3　学习评价表

姓名		学号		班级	
任务		日期		地点	

任务开始时间：　　年　　月　　日			任务完成时间：　　年　　月　　日		
检测内容			系数	分值	得分
1. 酒店经营信息的传播内容的确定			1.5	15	
2. 酒店经营信息的策划			1.5	15	
3. 酒店信息传播策划程序			1.5	15	
4. 选择酒店信息传播途径			1.8	18	
5. 制定实施酒店信息传播方案			2.2	22	
6. 酒店信息传播方案实施效果评估			1.5	15	
合计			10	100	

认为做得好的地方：

认为最不满意的地方：

值得改进的地方：

自我评价：	非常满意	
	满意	
	不太满意	
	不满意	

互评：

师评：

第三方评价：

拓 展 提 升

请阅读以下书籍。

1. 赵泉. 信息管理基础[M]. 北京：机械工业出版社，2004
2. 金朝崇，熊艺. 信息管理概论[M]. 天津：天津大学出版社，2009
3. 吴凯. 旅游与酒店信息管理方法与技术[M]. 大连：东北财经大学出版社，2009
4. 周贺来. 酒店计算机信息管理[M]. 北京：中国水利水电出版社，2008

酒店管理
实务

模块九

酒店安全管理

模块说明

　　本模块中,学生将学习酒店安全管理共有任务三项,即酒店安保管理、酒店消防管理、酒店突发事件处理。

　　本模块要实现的能力目标:掌握酒店保安管理流程;掌握酒店防火管理流程;掌握酒店突发事件处理流程。

教学建议

　　1.设定情景,进行角色扮演。教师为某酒店总经理或安保部经理,学生为该酒店安保部主管或工作人员。

　　2.课前分配任务,小组准备并完成任务,课堂汇报,教师点评,学生互评。

　　3.教师解析下一任务内容、核心技能与概念,布置新任务。

任务 **25**

酒店安保管理

▶ 任务实施

酒店安保管理流程如图 25-1 所示。

图 25-1 酒店安保管理流程

25.1 确定安全管理目标

(1) 确保酒店人员人身和财产的安全。

(2) 为酒店的生存和酒店的正常经营提供良好的基础。

(3) 为酒店建立良好的信誉和树立良好的品牌形象。

25.2 明确安全管理责任

(1) 设计安全部组织结构。

(2) 确定安全部各岗位职责。

25.3　制订安全管理计划

（1）制定酒店各部门安全管理制度。

（2）制定安保工作程序和操作规程。

（3）安保部经理根据酒店接待计划和保安人员实际状况制定班表并公布实施。

（4）当保安人员需变动安排时，应提前报告安保部经理，由安保部经理、负责主管临时调整。

（5）当有特殊任务或人、车辆较多时，根据实际状况，由安保部经理指派增加保安人员执勤；遇到重大节日、重要会议接待、重要贵宾的保安工作时，经理采取临时加强执勤措施，保安临时抽调组成担负二十四小时监视执勤任务。

（6）要明确规定各部门经理、主管、领班、基层员工的责任，规范部门的人和事，保证部门安全。

25.4　计划落实执行

（1）安保部落实安保计划，负责酒店内外安全保卫工作。

（2）各岗位保安要熟悉本岗位的岗位特征、岗位职能，所辖区域情况和特点等应注意的问题。

（3）保安执勤中应态度认真、精神饱满，不能擅自离岗，不串岗、逃岗。

（4）保安对正在发生的不法行为应及时采取相应措施予以制止，将不法行为人扭送安保部或公安机关处理。

（5）遇到火灾等突发事件，应第一时间采取措施进行处理。不能解决的及时报告安保部，安保部及时安排人员处理，如有必要通知公安机关或消防部门。

（6）安保部负责对酒店各部门员工进行安全教育培训，教授安全知识和防护技能，增强员工安全意识和安保、自救技能。

（7）各部门员工工作中树立安全意识，加强内部检查，及时发现安全隐患，协助责任部门制定安全处理措施，进行安全整改，有效预防安全事故的发生。

阅读讨论

一天傍晚，北京某酒店服务总台的电话铃响了，服务员小姐马上接听，对方自称是住店的一位美籍华人的朋友，要求查询这位美籍华人。小姚迅速查阅了住房登记中的有关资料，向他报了几个姓名，对方确认其中一位就是他找的人，小姚并未思索，就把这位美籍华人的所住房间的号码818告诉了他。过了一会儿，酒店总服务台又接到一个电话，打电话者自称是818房的"美籍华人"，说他有一位谢姓侄子要来看他，此时他正在谈一笔生意，不能马上回来，请服务员把他房间的钥匙交给其侄子，让他在房间等候。接电话的小姚满口答应。又过了一会儿，一位西装笔挺的男青年来到服务台前，自称小谢，要取钥匙。小姚见了，以为果然不错，就毫无顾虑地把818房钥匙交给了那男青年。晚上，当那位真正的美籍华人回房时，发现自己的一只高级密码箱不见了，其中包括一份护照、几千美元和若干首饰。原来这个青年分别扮演"美籍华人的朋友"、"美籍华人"、和"美籍华人的侄子"，演出了一出诈骗酒店的丑剧。几天后，当这位神秘的男青年又出现在另一家酒店以同样的手法搞诈骗活动时，被具有高度警惕性，严格按酒店规章制度、服务规程办事的总台服务员和总台保安员识破，当场被抓获。

请问作为酒店的员工，应如何应对此类诈骗事件。

25.5　安全检查问题处理和改进

（1）由安保部负责检查工作的主管对各班保安工作进行日常检查，及时发现安保工作中的问题，并采取适当措施予以解决。

（2）安保部经理对安保人员的工作情况进行定期或不定期抽查，对保安执勤中存在的问题要及时指出并纠正，对严重违反纪律或操作规程的要按照酒店规章制度进行处罚。

（3）安保部定期组织对酒店各部门的安全工作进行全面检查，对于在检查中发现的问题，安保部要责令相关部门或责任人进行限期整改。

（4）安保部在约定期限后对整改情况进行复查。对整改过程中相应的改进措施可以作为改进安全管理计划的内容进行修订。

◈❖◈ **知识链接25-1** ◈❖◈

安全部工作职责

（1）开展安全教育培训。饭店安全管理工作有赖于饭店全体员工的努力，因此必须强化全体员工"安全第一"的观念，安保部要从专业化的角度承担起饭店全体员工安全教育培训工作并负责考核。这种教育视不同的对象有不同的培训重点。对于饭店新员工，安全教育的重点是介绍饭店安全管理的重要性及消防、治安等基本安全责任和防范措施，经考试合格方能上岗；对于老员工，则要时刻提醒其强化安全意识，任何时候都不能有懈怠心理和侥幸心理；针对客人，要重点告知如何强化自我保护能力，使其免遭意外伤害。但是，饭店安全教育培训应注重方式方法，不能在饭店内造成一种"人人自危"的紧张心理。例如，安全提醒语言上，宜简洁明确，还应考虑语言的柔性要求。"禁止吸烟"、"贵重物品请寄存，否则概不负责"之类的语言过于生硬，容易让宾客产生逆反心理。

（2）健全安全管理制度。安保部有责任健全饭店安全管理制度，包括饭店安全管理的总体方案、各种防范措施及各项安全制度、规定。饭店内常用的安全管理制度包括门卫制度、巡逻制度、钥匙管理制度、消防安全管理制度、访客登记制度、住宿验证登记制度、交接班制度、安全隐患报告制度、财务保管制度、电器设备安装制度等。

（3）维护内部治安秩序。安保部应在国家和地方治安部门的指导下，强调内部治安管理。具体工作包括对住店客人登记实行监督，对可疑的重点人员进行防控，对员工轻微的违法行为进行教育，对危险物品进行管理。在维护饭店持续的经营基础上，特别应加强酒吧、舞厅、商场、游乐场所、出租场所等易引发治安纠纷的区域的管理。安保部还应针对在工作中出现的新情况、新问题，召开安全工作专题会，提出整改措施。

（4）协助公安机关查处有关事故。安保部应承担起公安部门"协助员"的角色，主动向当地公安机关汇报工作，反映问题和情况，请求支持和帮助。但是在配合公安人员在酒店内执行公务时,应注意尽量避免检查重要客人;若检查境外客人,务必请公安人员出示"外事警官证";未与安保部联系和未能出示有效证件的人,不得在店内擅自行动。若有发生,饭店安保人员有权干涉;所有行动应最低限度地打扰客人;需被带离饭店的人员,均要在办好离店结账手续后方可离店。

资料来源:梁玉社,李烨 饭店管理[M]. 上海:格致出版社,2010

关键点控制

关键点控制表见表 25-1。

表 25-1　关键点控制表

关键点控制	细化执行
1. 确定安全管理目标	酒店安全管理制度
2. 明确安全管理责任	
2.1　明确酒店领导的安全责任,总经理应对酒店的安全全权负责	酒店安全管理制度
2.2　明确各部门责任,各部门负责人是部门安全的第一责任人	
2.3　安保部是酒店的安全管理职能部门,负责安保具体工作	
3. 制订安全管理计划	安全管理计划
3.1　安保部组织制订完整的能够有效应对安全问题的安全管理计划	安全管理计划
3.2　计划中应明确安保规章制度和应对安全事件的程序、过程和活动,以减少酒店不安全问题的发生频率	管理制度
4. 计划落实执行	计划实施
4.1　安保部负责安全保卫工作,同时负责对酒店员工进行安全教育培训,教授安全知识和防范技能	安保部值班表、安保部值班记录
4.2　各部门员工要树立安全意识,掌握有关的安全知识,时刻保持安全警惕,加强部门内部检查,有效预防安全事件的发生	安全管理制度
5. 安全检查与问题处理和改进	排除隐患
5.1　安保部派专人负责管辖区域内的日常巡检,及时发现安全问题,解决问题	安全巡查记录
5.2　安保部定期组织对酒店进行全面的安全检查,在检查中发现的安全隐患,责令责任部门或责任人限期整改	安全隐患整改通知
5.3　在检查中发现的安全问题和隐患,安保部应配合责任部门采取相应的处理措施,进行安全改进	改进措施
5.4　安保部在期限后验收整改情况,整改过程中相应的改进措施可以作为改进安全管理计划的修订内容	安全管理改进报告

阅读材料25-1

沈阳洲际酒店从细从严做好奥运安保工作

沈阳洲际酒店为迎接 2008 年奥运会在年初开始布置、安排酒店的一系列安保工作。从细从严做好酒店的安保工作,具体做法如下:

一、成立奥运安保组织，层层落实责任制

沈阳洲际酒店成立了以酒店总经理任组长，各部门经理参加的酒店奥运安保领导小组，负责指导、监督、检查、落实酒店各部门在奥运期间的安保工作。各部门各岗位确定了责任人，做到安保工作落实到所有部门，所有员工，责任到人。

二、加强应急救援培训，人人承担应急救援任务

洲际酒店奥运安保小组根据洲际集团总部的安保标准，结合沈阳目前安保要求，制定了本酒店奥运安保工作预案，称作酒店事故危机处理计划，要求各部门经理认真阅读，传达到每个员工，并将此打印成册，放在每个部门随时可见的地方。从3月份开始由保安部对酒店全体员工进行奥运安保、反恐培训，截止到目前共培训20余次，参加人员共计700余人，并模拟各种突发事件现场对相关部门员工进行演练。

三、加大设备改造投入，增强人防技防能力

为更好的保障酒店安全，酒店在技防、人防方面也大量的投入了人力、财力，年初投入80多万资金，更换酒店安保监控系统，改造后酒店的监控探头点位布置达到沈阳市同等酒店之前列，所有监控点位24小时录像，录像资料备存21天。监控中心24小时由专人值守，对进入酒店人员进行跟踪记录，更好的预防安保事故的发生。更换及采购安保用设施、设备（手台、地桩、警戒线、防火装备等）共计5万余元。

四、把排查事故隐患作为日常工作来抓

保安部每日对楼内消防隐患进行例行检查，发现问题及故障及时查处、维修，确保消防设备、设施的正常使用，酒店一切给安全开绿灯，保障酒店消防安全。

五、严格做好入住登记和访客登记

酒店根据沈阳市公安局的要求，于5月份开始严格执行住宿登记制度及访客探访登记制度。酒店分别在前台设置中英文登记提示牌，在客人入住时发客信，在酒店电梯间前室内、外设置指示牌及增设保安人员执行访客登记制度。严防可疑人物进出酒店。

资料来源：沈阳旅游网，http://www.sytour.gov.cn/

实 战 训 练

1. 如果你是一家拥有200间客房的酒店的安全部经理，请问你该如何设计安保部的组织结构？请制定该酒店的安保管理制度。

2. 请参观附近一家酒店，观察该酒店在安保工作中有哪些问题，如何改进。

学 习 测 评

学习评价表见表25-2。

表 25-2 学习评价表

姓名		学号		班级		
任务		日期		地点		
任务开始时间：　　年　　月　　日			任务完成时间：　　年　　月　　日			
检测内容			系数	分值	得分	
1. 确定安全管理目标			2.0	20		
2. 明确安全管理责任			2.0	20		
3. 制订安全管理计划			2.0	20		
4. 计划落实执行			2.0	20		
5. 安全检查与问题处理和改进			2.0	20		
合计			10	100		

认为做得好的地方：

认为最不满意的地方：

值得改进的地方：

自我评价：	非常满意	
	满意	
	不太满意	
	不满意	

互评：

师评：

第三方评价：

任务 **26**

酒店消防管理

任务目标

1. 熟悉酒店消防系统的设置及功能
2. 熟悉火灾事故处理的基本方法和手段
3. 掌握酒店火灾事故的处理流程

知识准备

1. 了解火灾的类型及处置方法
2. 熟悉火灾逃生方法
3. 酒店各部门消防管理制度

▶▶ 任务实施

酒店消防管理流程如图 26-1 所示。

图 26-1 酒店消防管理流程

26.1 制订消防管理制度

根据酒店的实际情况制订消防管理制度和消防计划方案,方案应具有可执行性。消防管理制度应包括制度编制的目的、编制的依据、适用范围、安全管理责任、消防安全管理措施、奖惩制度和附则等。

26.2 消防工作的组织实施

（1）酒店应成立突发事件应急处置中心以及消防控制中心，便于火灾发生时，各种突发事件的统一处理和各个部门的协调安排。任何员工若发现有异常的燃烧味、烟雾或火焰等迹象，应先观察火情，并在第一时间报告酒店消防控制中心。

（2）发现火情后，酒店突发事件应急处置指挥机构应迅速行动，了解情况。

① 根据现场情况决定是否做出向消防机关报警、疏散人员、转移财物等指令。

② 及时组织人员，合理分配人力，安排人员控制、扑救火情，抢救重要物资、危险品，疏散现场人员，对现场的伤员，残疾、行动不便的客人进行救护、转移。

（3）酒店消防控制中心在获知报警信息或发现烟感、温感等报警设施启动时，应采取行动。

① 立即安排人员赶往现场，甄别火情，组织现场人员扑救初起火灾，并视情况决定是否需按火情级别通知电话总机启动相应的紧急联络程序。

② 应视情况及时启动灭火设施、应急广播、疏散照明、防火卷帘、防火门、排烟、送风系统，监控报警系统其他报警点。

（4）在火灾发生时，各部门应按照上级命令统一行动，各司其职。

① 各部门员工在负责紧急处理的人员到达之前应尽可能留在现场，并与消防控制中心随时保持联系，以便及时提供具体的火情信息。

② 尽可能地使用安全、快捷的方法通知火情周边处于危险区域的不知情者，并视情况使用离现场最近的消防器材控制火情。

③ 酒店下达紧急疏散指令后，要保持各通道的畅通，疏散客人及员工到建筑物外指定的安全区域，并及时反馈执行情况。

（5）保安部负责人应迅速到临时指挥部协助指挥。

① 安排人员组织现场扑救、疏散。

② 报告火势情况，监视火势发展，判断火势蔓延情况。

③ 维持店外秩序，保障消防车通道顺畅，加强对酒店所有出入口的监控，阻止无关人员进入酒店。

（6）工程部应安排负责人负责处理工程问题。

① 视火情关闭空调、停气、断电、启动应急发电机等。

② 确保消防电梯的正常使用，解救电梯内被困乘客，保证喷淋泵和消火栓泵供水等。

③ 确保应急发电机的正常运行，消防水源正常供应和排烟、送风等设备的正常运行。

（7）房务部维持前厅客房正常秩序。

① 前厅部应通知电话总机确保店内通信畅通，打印住店客人名单，维持酒店大堂秩序，清除门前障碍。

② 客房部应安排人员迅速清理楼层内障碍物，统计各个楼层的客人人数，对来电询问的客人做好安抚、记录工作。

（8）餐饮部应安排人员立即关闭所有厨房明火，安抚就餐客人。

（9）人事部应及时通知医务室做好救护伤员的各项准备，迅速统计在店员工人数，安排宿舍管理员组织在宿舍的员工随时待命。

（10）财务部应组织外币兑换处及各收银点和各下属办公室的员工收集和保管好现金、账目、重要单据票证等，通知计算机机房做好重要资料的备份、保管工作，做好随时根据指令进行转移的准备。

（11）酒店总经理办公室应及时向酒店所有承租店家通报情况，集结酒店所有车辆，随时按要求运送伤员，做好酒店重要档案的整理及转移准备。

阅读讨论

1985 年 4 月 19 日零时 5 分，黑龙江省哈尔滨市天鹅酒店发生特大火灾，造成 10 人死亡，7 人受伤，直接经济损失 25 万元。火灾发生后，经有关部门反复勘查现场，查明这场火灾的中心现场系第 11 层楼 116 房间，火源系一名外国旅客吸烟引起（这名外国人已被烧死）。2003 年 2 月 2 日发生在哈尔滨天潭酒店的特大火灾，造成 33 人死亡，10 人受伤。事故原因为服务员在取暖煤油炉尚未熄灭的情况下，直接向煤油炉底盘加油口倒入五公斤左右的用于机械产品洗涤的溶剂汽油，从而引起了爆燃。

从这两起火灾事故中，酒店应吸取哪些教训？

26.3　消防安全培训

（1）对新进员工必须先进行消防培训，考核合格后才能上岗。

（2）按照消防计划定期或不定期对员工进行安全、防火教育培训。

（3）由消防安全小组组织各部门部分人员成立消防队，学习并掌握消防规则和消防技术，组织演练，增强消防意识并提高技能。

26.4　消防安全检查

（1）由各部门安排人员对本部门的消防安全设施进行维护和清洁工作，并由安保部对设施设备进行定期检查。

（2）对消防安全的重点区域和部门进行定期检查，对违规行为要及时纠正，对情节严重的责任人要按照酒店规章制度进行处理。

（3）把消防工作列入工作考核的范围，定期对员工的消防工作表现进行考核，并采取相应的奖惩措施。

（4）如公安或消防机关检查酒店的消防安全工作，安保部必须全力进行配合，并按照要求及时改进。

26.5　消防工作的改进和总结

（1）根据消防检查的结果，消防安全小组的有权对存在问题的部门和责任人进行处罚，并责令进行限期整改，在期限后对整改情况进行检查。

（2）消防小组根据检查情况采取相关措施，改进消防设施，增补和修订消防计划。

（3）由消防安全小组组长定期召开消防安全会议，对该阶段内的安全情况进行总结，对各部门和相关人员进行奖惩。

（4）由安保部对消防安全检查和总结会议做好记录归档工作。

（5）在每次总结的基础上，安保部对下一阶段的消防安全计划进行编制。

◈ 知识链接26-1 ◈

灭火器知识

1. 灭火的基本原理

（1）冷却灭火将燃烧的温度降到燃点以下，使燃烧停止下来。

（2）窒息灭火采取隔绝空气或减少空气中的含氧量，使燃烧物得不到足够的氧气而停止燃烧。

（3）隔绝灭火正在燃烧的物质同未燃烧的物质隔开，使燃烧不能蔓延或停止。

（4）抑制灭火将有抑制作用的化学灭火剂喷射到燃烧物上，并参与燃烧物的化学反应，与燃烧反应中产生的游离基结合形成稳定的不燃烧的分子结构，而使燃烧停止。

2. 常用灭火剂及灭火器

在灭火过程中最经常是用水来灭火的。饭店同样也是如此，因此饭店在建筑物内外都配置消防栓和水龙带、水枪等。但是，用消防水龙带接水龙放水等需要一定的时间，所以还必须辅以必要的灭火剂及灭火器。此外，还有些火灾，如油类、电器等火灾，不宜用水扑救。因此，饭店安全管理人员要熟悉常用灭火剂及灭火器的用途和操作方法。

（1）酸碱灭火剂这是最普通常用的灭火剂，适用于一般固体物质的火灾，但不可用来扑救油类及带电的电气设备火灾。其灭火原理是灭火器内碳酸氢钠溶液，遇强酸发生化学反应，产生大量二氧化碳气体，形成强大的压力，通过灭火器喷嘴将水和气射向燃烧物。使用手提式酸碱式灭火器时，只需把筒身颠倒过来，上下摇晃，让筒内的酸碱混合发生反应，筒内液体即会喷出。

（2）泡沫灭火剂及灭火器其基本原理与酸碱灭火器基本相同，不同的是在灭火液体中增加了发泡剂。使用时将筒身颠倒晃动即喷射出带泡沫的液体。泡沫灭火适合于油类火灾和一般固体物质火灾及可燃液体火灾，但不适用于忌水物质火灾和用电的电气设备火灾。在扑救油类及可燃液体火灾时，不要用泡沫直接喷向燃烧液体，而是让泡沫轻轻覆盖到火焰上。

（3）干粉灭火剂及灭火器干粉灭火剂是以碳酸氢钠为主要成分的干粉和碱性钠盐干粉组成，是一种干燥的易于流动的微粒固体粉末，具有灭火效力高、速度快、无毒性、不导电、久储不变质的优点。其性能与二氧化碳相仿，适用范围也基本相同。但是，由于干粉中的二氧化碳中的碱性钠盐会残留下来，故不适用于精密仪器、电器设备、档案资料的火灾。使用时应在火场的上风处，将灭火器喷嘴对准着火处，拔去保险销，按下手柄或提起拉环，瓶内压缩气体将干粉喷向燃烧物。

资料来源：魏新生. 饭店管理[M]. 郑州：郑州大学出版社，2007

关键点控制

关键点控制表见表 26-1。

表 26-1　关键点控制表

关键点控制	细化执行
1. 制订消防管理制度	酒店消防管理制度
2. 消防工作的组织实施	
2.1　安保部下发酒店消防管理制度,各部门落实执行	酒店消防管理制度
2.2　全体员工都必须严格遵守消防管理制度,各部门每天对本部门管辖范围内的消防安全进行检查	
3. 消防安全培训	
3.1　安保部每季度对员工进行一次消防安全培训,新员工必须经过消防安全培训方能上岗	消防安全培训资料
3.2　除消防安全制度的培训外,还应该让员工熟悉防火知识,学会使用灭火器械	
4. 消防安全检查	安全检查制度
4.1　安保部安排好消防执勤,消防监控中心 24 小时值班,组织人员对公共区域日常巡查,发现问题及时解决	消防安全检查表
4.2　安保部定期对各部门的消防安全设施进行检查,发现问题及时要求有关人员或部门整改	消防器械检查表
4.3　对消防安全的重点部门和区域定期巡查,对操作人员的违规作业及时纠正	防火重点区域检查表
4.4　安保部配合消防机关检查酒店的消防安全,并根据要求及时纠正、整改	安全隐患整改通知
5. 消防工作改进和总结	消防工作总结

阅读材料 26-1

北京凯迪克大酒店火灾事故

2002 年 7 月 13 日 23 时左右,北京凯迪克大酒店 1020 房间发生火灾,造成 1022 房间两名赴京旅游的香港女学生死亡,1021 房间的一名韩国女学生受伤。

据调查,住在 1020 房间的中国香港的男学生邓某(12 岁)和李某(14 岁)承认,7 月 13 日 22:40 左右,在 1020 房间内划火柴玩,然后离开房间。经专家调查,鉴定这起火灾的起火原因是人为明火所致。由此,警方认定火灾由邓某、李某玩火造成。

凯迪克大酒店发生火灾以后,一些宾馆酒店汲取事故教训,要求客房不为客人提供火柴,未成年人入住必须有监护人陪同、并负责其安全行为等。但是,宾馆酒店的消防安全管理,不能头痛医头、脚痛医脚,必须认识到消防安全的重要性,加强消防安全管理,努力消除各种消防安全隐患。

1. 宾馆酒店消防安全的主要隐患

(1) 违规装修施工。一些宾馆酒店进行装修改造施工,由于用火、用电、用气设备点多量大,加之个别施工材料不符合消防安全的规定,一旦工人操作失误或处理不当,容易导致消防安全事故的发生。

(2) 电气设备老化。一些宾馆酒店电气线路老化或配置不合理,容易引发火灾。如大量使用单层绝缘绞线接线板,这种电线没有护套,易因挤压或被动物咬啮而发生短路;客房内的电熨斗、电暖气、热得快等电热器具,客人使用不当、违章接线或忘记断电而使电器设备过热引燃周围可燃物造成火灾。

(3) 厨房违规操作。如在炉灶上煨、炖、煮各种食品时,浮在上面的油质溢出锅外,遇火燃烧;在炉灶旁烘烤衣物或用易燃液体点火发生燃烧或爆炸。此类火灾蔓延速度快,扑救困难,特别是油类火灾,无法用水进行扑救。

(4) 住店客人安全意识不强。客人在宾馆酒店卧床吸烟是诱发火灾的重要因素;少年儿童如无同行成年人的监督,容易因玩火而引发火灾,且事后易惊慌失措,到处躲藏,隐瞒火情,错过遏制火情的有效时机。

(5) 施救设施设备不全或失效。目前,一些宾馆酒店存在安全出口锁闭或数量不足,疏散通道被堵塞、占用,消火栓被圈占、遮挡,自动报警、喷淋设施损坏或未按要求安装,疏散指示标志不足,应急照明损坏,灭火器过期等现象,一旦发生火灾,得不到及时扑救,最终酿成事故。

此外,消防安全制度不健全,责任制落实不到位等,也是引发宾馆酒店火灾发生的原因之一。

2. 宾馆酒店火灾的危害性

(1) 火灾荷载大。宾馆酒店内部存在大量的可燃、易燃装饰材料及生活用品,一旦发生火灾,大量可燃材料将导致火灾迅速蔓延;大多数可燃材料在燃烧时还会产生有毒烟气,给住店客人逃生造成极大不便。

(2) 火势蔓延迅速。宾馆酒店的火灾蔓延迅速的因素很多。一是没有良好的防火分隔和隔阻烟火措施。二是客房的密闭性很强,起火后不易及时发现。三是内部楼梯间、电梯井、电缆井、垃圾道等竖井林立,一旦发生火灾,极易产生烟囱效应。

(3) 火灾扑救难度大。宾馆酒店多为高层建筑,发生火灾后存在火势蔓延迅速、供水困难、疏散救人和控制火势难等诸多因素,扑救难度大。

(4) 疏散和施救困难。宾馆酒店人员多且较为集中,进出频繁,且大多数是暂住的旅客,对建筑物内的环境、出口和消防设施等情况不熟悉,同时发生火灾时,被困人员心情紧张,极易迷失方向,拥塞在通道上,造成秩序混乱,给疏散和施救工作带来困难,往往造成重大伤亡。

3. 加强宾馆酒店消防安全的措施

（1）按有关规定建设完善消防设施。宾馆酒店客房内所有装饰、装修材料均应符合消防的相关规定。要设置火灾自动报警系统、消火栓系统、自动喷水灭火系统、防烟排烟系统等各类消防设施，并设专人操作维护，定期进行维修保养。要按照规范要求设置防火、防烟分区、疏散通道及安全出口。安全出口的数量，疏散通道的长度、宽度及疏散楼梯等设施的设置，必须符合规定，严禁占用、阻塞疏散通道和疏散楼梯间，严禁在疏散楼梯间及其通道上设置其他用房和堆放物资。

（2）建立健全消防安全制度。宾馆酒店要落实消防安全责任制，明确各岗位、部门的工作职责，建立健全消防安全工作预警机制和消防安全应急预案，完善值班巡视制度，成立消防义务组织，组织消防安全演习，加大消防安全工作的管理力度。

（3）强化对重点区域的检查和监控。宾馆酒店消防安全责任人和楼层服务员要加强日常巡视，发现火灾隐患及时采取措施。餐厅应建立健全用火、用电、用气管理制度和操作规范，厨房内燃气燃油管道、仪表、阀门必须定期检查，抽油烟罩应及时清洗，烟道每半年应清洗一次。厨房内除配置常用的灭火器外，还应配置灭火毯，以便扑灭油锅起火的火灾。

（4）加强对员工的消防安全教育。宾馆酒店要加强对员工的消防知识培训，提高员工的防火灭火知识，使员工能够熟悉火灾报警方法、熟悉岗位职责、熟悉疏散逃生路线。要定期组织应急疏散演习，加强消防实战演练，完善应急处置预案，确保突发情况下能够及时有效进行处置。

（5）加大消防监管力度。消防部门要按照《消防法》的规定和国家有关消防技术标准要求，加强对宾馆酒店的监督和检查；旅游行政主管部门要通过行业标准等手段，实施对宾馆酒店的消防安全监管。

（6）强化对客人消防安全的提示。要加强对住店客人消防安全提示，要设置禁止卧床吸烟和禁止扔烟头、火源入废纸篓的标志；要告知客人消防紧急出口和疏散通道的位置；要提醒住店客人加强对同行的未成年人和无行为能力人的监护，防止其不慎引发安全事故。

资料来源：综合网络和《中国旅游报》等内容摘编而成

实 战 训 练

1. 请消防管理人员讲解并演示灭火常识与消防器材的保管、使用方法。
2. 模拟酒店环境，组织学生进行一次消防演练。

学 习 测 评

学习评价表见表26-2。

表 26-2　学习评价表

姓名		学号		班级	
任务		日期		地点	

任务开始时间：　　　年　　月　　日		任务完成时间：　　　年　　月　　日	
检测内容	系数	分值	得分
1. 制定消防管理制度	2.0	20	
2. 消防管理制度组织实施	2.0	20	
3. 消防安全培训	2.0	20	
4. 消防安全检查	2.0	20	
5. 消防工作改进和总结	2.0	20	
合计	10	100	

认为做得好的地方：

认为最不满意的地方：

值得改进的地方：

自我评价：	非常满意	
	满意	
	不太满意	
	不满意	

互评：

师评：

第三方评价：

任务 **27**

酒店突发事件的处理

任务目标

1. 能够建立酒店危机处理机制
2. 能够有效组织处理突发事件
3. 能够保护酒店客人、员工的人身和财产安全

知识准备

1. 了解突发事件的概念和类型
2. 了解防止突发事件发生应采取的措施

▶▶ 任务实施

酒店突发事件处理流程如图 27-1 所示。

图 27-1　酒店突发事件处理流程

27.1　制订突发事件处理预案

（1）酒店应建立健全突发事件应急预案体系。酒店应遵循法律、法规及相关规定的要求，结合本店的实际情况，制定相应的突发事件应急预案，并根据实际需要和形势变化，及时修订应急预案。主要类型包括自然灾害处理预案；事故灾害处理预案；公共卫生事件处理预案；突发社会安全事件处理预案等。

（2）酒店应组织人员对处理突发事件所需要的设施设备进行检查和维护，确保各项设备运转正常。酒店应建立健全突发事件应急处置培训制度，对店内负有处置突发事件

职责的员工定期进行培训,对本店员工和客人开展应急知识的宣传普及活动和必要的应急演练。

27.2　突发事件信息收集

(1)酒店应建立突发事件信息收集系统,要求各部门和所有人员及时、客观、真实地报告突发事件信息。

(2)先遇到或发现突发事件的员工应及时向酒店相关部门及上级领导汇报。汇报内容主要包括事件发生的时间、地点、涉及人员、简要经过和可能的原因,对人身、财产、酒店、周边社区可能的影响,需采取的行动和已采取的行动等。

27.3　事件核实确认及通报

(1)值班保安接到报警后,立即联系出事地点最近的执勤人员前往查看并立即保护现场,如有需要应立即通知相关部门和人员进行增援。

(2)总经理或其授权代表在接到突发事件报告后,应尽快赶赴现场查看,视情况通知酒店应急处置指挥机构的相关人员前来共同调查并参与商讨,对可能造成的影响进行评估,进而决定是否向相关单位进行通报。

(3)如酒店发生造成或可能造成严重社会危害的突发事件时,应按规定立即向上级主管单位和相关政府部门及机构报告。

27.4　成立领导小组

(1)酒店应安排总经理等高级行政管理人员及各主要部门的负责人,组成危机领导小组或类似的组织作为突发事件应急管理指挥机构,并有效规定所有成员的职责。应急管理指挥机构可视情况需要,在必要时组建现场控制中心及媒体信息中心,并安排相应的执行人员来负责推进和落实各项应急处置工作。

(2)小组应由总经理担任组长,安保部经理担任副组长,并负责现场指挥。

(3)领导小组根据事件发展情况决定是否请求主管部门和公安机关帮助。

27.5　组织人员实施处理

(1)酒店员工应熟悉本岗位的突发事件预防与应急救援职责,掌握相关的应急处置与救援知识,按规定采取预防措施,进行各项操作,服从酒店对突发事件应急处置工作的统一领导、指挥和协调。

(2)危机发生时,各部门和各岗位可视情况需要,立即组织开展力所能及的应急救援和紧急控制措施,并立即向酒店突发事件应急管理指挥机构汇报,由其统一领导应急处置工作。各部门负责人应坚决执行各项指令,并及时提供相关的专业建议。事件发生现场的部门负责人应保证与应急管理指挥机构的有效联络,根据指令在现场带领员工实施各项处置工作,并及时通报现场情况。

(3)酒店应通过制定相应的应急沟通计划和公共关系处理流程,指定相应的部门与人员,负责在应急管理期间,与员工、客人、上级主管单位、相关政府部门及机构、新闻媒体等的信息沟通事宜。

（4）如相关政府部门及机构已开始介入突发事件的应急处置与救援工作,酒店应听从统一的指挥和安排,积极主动参加和配合应急救援工作,协助维护正常秩序。

阅读讨论

在服务员获得了基本素质和基本技能培训后,对于一般的犯罪都有较为警惕的敏感度,但如果犯罪人采用蒙蔽手段去实施一些心理上障眼法等伎俩,服务员就往往容易"中招"而导致酒店损失。在上海一家四星级酒店中,有一名服务员早上8时多正在做房间卫生,有两个男子嘱其给1303房加两条浴巾,这两人并未进房,而是说完话后,即告知服务员,他们要去餐厅用早餐了,在服务员身边擦身而过。服务员则遵照其指示,到1303房为其增配两条浴巾,并顺手将床上零乱的东西清理,此时这两位男子又忽然返回,看见服务员正在清理,忙对服务员说:"不要清理了,不用麻烦你了,我们自己整理就行了,"这时候,服务员看他们已在收拾物品了,就暂时退出,这两个男子3分钟后从房间走出。刚离去一会儿,又来了两位男子,持IC卡进入房间后,即发现房间被盗,损失较多财物,原来前两个是小偷,后两位才是真正的客人。

作为酒店服务人员如何提高自身的防范能力?作为酒店管理者怎样从软件和硬件两个方面提高安全保障能力和处理突发事件的能力?

27.6　善后处理,总结经验教训

（1）安保部配合相关单位进行调查,根据调查结果,出具调查报告,交总经理审批。

（2）突发事件得到控制或处理完后,酒店应采取后续措施,防止突发事件的次生、衍生事件或者重新引发社会安全事件。

（3）突发事件应急处置工作结束后,酒店应妥善进行善后工作,解决因处置突发事件引发的矛盾和纠纷以尽快恢复正常经营管理秩序。

（4）酒店应对突发事件造成的损失进行评估,对经验教训进行总结,制定改进措施。

知识链接27-1

酒店突发事件处理程序

1. 停电处理程序

（1）各部门如发现突然停电,应立即向部门主管及工程师、安保部报告。

（2）安保部应及时调集人员严格把好各出入口通道,防止不法分子趁乱作案,同时保护好酒店客人人身、财物安全。

（3）若有宾客在停电期间被关在电梯内,监控中心应立即通知大堂副理和巡逻保安配合工程部员工设法解救客人,并稳定被困客人的情绪。

（4）安保部经理应在大堂加强保卫力量,短时间停电,可向客人解释,长时间的停电,应配合大堂副理引导客人从楼梯通道进入客房。

（5）一旦供电恢复正常,保安员对整个大楼进行检查,确保正常运转。

2. 食物中毒的处理程序

（1）若发现或获知有客人或员工出现食物中毒症状，发现人应首先了解中毒者国籍、人数、症状程度等基本情况，然后向酒店总机或其危机应急中心报警。

（2）总机或其危机应急中心应立即向酒店总经理等高层领导报告，按指示启动应急联络程序，同时向急救中心求援。在现场的酒店工作人员应妥善安置中毒者，保护好现场。

（3）酒店突发事件应急处置指挥机构应立即了解情况，并视情况决定是否向相关的疾控中心、公安机关及上级部门报告。

（4）酒店应及时安排医务室医生携带急救药品和器材赶往现场，实施必要的紧急抢救，并根据具体情况决定是否将中毒者送往医院抢救，或等待急救中心专业人员处理。

（5）酒店应安排食品化验员了解详细情况，找出可疑食品及食品盛放工具，对病人呕吐物等加以封存，对食物取样化验。如涉及外籍人员，应视需要向外事主管部门报告。

（6）酒店安保部应派人做好现场保护工作，协助医务人员抢救中毒者，验明中毒者身份，做好询问记录。如有投毒怀疑，安保部负责人需请示酒店总经理决定是否向公安机关报告，并视情况决定是否划定警戒区，及对相关的厨房、餐具、食品进行封存。

3. 意外伤亡事件的处理程序

（1）酒店员工发现酒店区域内有人身意外伤亡事件发生，必须立即报告安保部，同时注意保护现场。

（2）安保部接到报告后，应记录时间、地点、报告人身份及大概伤亡性质，如工伤、疾病、意外事故等。接到报告后，安保部经理应立即到现场，同时通知值班经理（大堂）和医务室，如涉及设备导致的工伤，应通知工程部。酒店总经理由安保部负责人通知。如遇死亡事件，酒店应向公安机关报告。

（3）安保部到现场后，应立即设立警戒线封锁现场，疏散围观人员。

（4）如是设备导致的工伤，由工程部关掉有关设备，由安保部和医务室人员确定伤亡结果。如人员未死亡，应立即组织抢救，安保部酌情向伤员了解情况，大堂经理和医务室人员联系就近医院和急救中心；如确定人员死亡，应立即将现场与外界隔离，遮挡尸体并注意观察和记录现场情况。

（5）如明显属于凶杀或死亡原因不明，应按凶杀案程序处理。如确定是意外死亡，应进行拍照，访问目击者和知情人，隔绝围观，遮挡尸体并保护现场。安保部负责报告公安机关并配合勘察，勘察完毕应立即将尸体转移至相关太平间存放。

（6）如事件涉及员工，由安保部和人事部共同负责处理善后工作；如事件涉及客人，由安保部和值班经理共同负责处理善后工作，如清点客人财物等。安保部负责调查或协助公安部门调查，记录事件发生经过及处理情况。工程部负责恢复有关设备。行政部负责提供药品、车辆。客房部负责清理现场。

4. 诈骗事件的处理程序

（1）宾客入店时，必须填写临时住宿登记单，预交住房押金。前台服务员应严格执行公安机关关于住宿客人必须持有效证件（护照、身份证）办理住房登记手续的规定，对不符合入住要求的不予登记，并及时报告安保部和前厅部经理。

（2）对使用支票付账的国内宾客，应与支票发出单位核实，发现情况不实时，应设法将支票持有人稳住，速报安保部，待安保部人员赶到后一起进行处理。

（3）住店宾客在酒店的消费金额超过预付押金金额时，酒店可根据情况要求其追加押金或直接结算。酒店各岗位收银员应熟悉银行支付款的"黑名单"，严格执行检查复核制度。

（4）收取现金时，应注意检查货币特别是大面值货币的真伪，发现假钞时，应及时报告保安部，由安保部和财务部出面处理。

资料来源：中国饭店行业协会.中国饭店行业突发事件应急规范

关键点控制

关键点控制表见表 27-1。

表 27-1　关键点控制表

关键点控制	细化执行
1. 制订突发事件处理预案	突发事件处理预案
2. 突发事件信息收集	突发事件记录表
2.1　酒店员工遇到突发事件时，要保持镇定，及时向安保值班室报警	
2.2　报警时说明事件发生的情况、地点、伤亡情况及本人的姓名、部门、职务等	
3. 事件核实确认	突发事件处理制度
4. 通知相关人员	执行危机预案
4.1　事件确认后，值班保安及时通知总经理或值班经理、安保部经理、前厅部经理、事件的发生部门的经理、医务室、司机班等有关人员抵达现场救援	准确汇报
4.2　通知时要简明扼要地描述事件发生的情况、时间、地点	及时通报
5. 成立领导小组	加强领导
5.1　酒店根据预案程序成立处理突发事件领导小组	突发事件处理预案
5.2　小组由总经理担任组长并负责全权领导。安保部经理担任副组长，协助总经理工作，并负责现场指挥	
5.3　领导小组根据事件发展情况决定是否请求主管部门和公安机关帮助	
6. 组织实施方案	方案
6.1　根据突发事件处理程序对事件进行处理	突发事件处理方案
6.2　酒店全体员工在突发事件领导小组的指挥下采取必要的措施	
6.3　如公安机关介入，酒店员工必须积极配合公安人员的工作	
7. 事件调查报告撰写与事件善后处理	善后
7.1　安保部应配合公安、消防、防疫等有关单位进行事件调查，根据调查结果，安保部出具调查报告，交总经理审批	总结经验教训
7.2　总经理对调查报告进行审批，交代事件的善后处理	
7.3　经有关方面同意，对事件现场进行清理	
7.4　对伤亡人员妥善处理，根据有关法律进行索赔和赔偿	

阅读材料27-1

14人酒店用餐后食物中毒　原因不明酒店仍被判赔

王某是广州某仪器有限公司员工。2009年6月12日,他参加了公司在广州天河区嘉逸皇冠酒店举办的庆典聚餐,共有130人参加。没想到,用餐后有14人出现恶心、呕吐、头晕、腹痛等症状。当晚,酒店工作人员陪同他们到天河区中医院就诊,被诊断为食物中毒和急性肠胃炎。王某等14人分别将酒店告上广州市天河区法院。他们认为,这件事给自己造成重大的身体和精神痛苦。酒店提供餐饮服务应当符合保障人身安全的要求,保证食品安全,其食品应当无毒、无害,对人体健康不造成任何急性、亚急性或慢性危害。"酒店侵犯了我们的人身权利,应当依法承担侵权的民事责任。鉴于公司已经支付了医疗费用,故向酒店索要精神损害抚慰金每人2 000元,并书面赔礼道歉,承担全部诉讼费用"。同时,公司作为原告也起诉酒店,索要自己为员工支付的医疗费用等。天河区法院一审后认为,酒店从业人员均持有效健康证明上岗,卫生局疾控中心经检测未能检出致病因素,故酒店对本次食物中毒事件并未有明显的过错。其次,酒店积极配合王某去医院就诊,王某也未举证因本次事件造成严重后果。综上所述,原告诉求依据不足。一审判14人败诉,还要分别承担案件受理费150元。王某等人不服提出上诉。10日,《羊城晚报》记者获悉,广州中院日前做出二审判决,14人转败为胜,每人获精神抚慰金200元。

资料来源:金羊网——羊城晚报

实 战 训 练

1. 明珠花园酒店于2010年2月在成都购得5袋亚硝酸钠后,存放于厨房库房中。8月1日,酒店员工因加工卤肉在库房领取一袋,使用后将剩余亚硝酸钠存放于厨房操作台下。8月18日,明珠花园酒店原厨房工作人员全部更换,厨房已开封使用的盐、味精等易耗品未进行移交。10月8日早晨6时许,厨房员工制作早餐时,误将亚硝酸钠作为食盐,加入炒菜、烫饭、面条等食物中,游客和员工食用后,相继出现呕吐等中毒现象。如果你是酒店总经理,应如何处理?

2. 郭女士是湖北某公司的员工,该公司组织员工出游张家界。15日中午1点半左右,公司组织员工前往景区游玩,郭女士将随身携带的一些贵重物品放置在客房内后便随团队一起离开了酒店。傍晚7点半左右,郭女士回到酒店,发现自己放有相机、背包、服装以及一块价值不菲的玉佩的旅行箱不见了,箱子中还有她的身份证和银行卡。郭女士随即给酒店前台打电话,并于晚上8时报警。晚上10时许,郭女士一行在酒店值班总经理的陪同下调出了酒店监控录像,当看到窃贼入门盗窃的片段时,郭女士一行非常惊讶,原来该窃贼竟然是堂而皇之地叫来服务员打开房门行窃的。这让郭女士一行立刻情绪激动起来,并要求酒店就失物进行全额赔付。如果你是酒店的管理者,如何应对?

学 习 测 评

学习评价表见表27-2。

表 27-2　学习评价表

姓名		学号		班级	
任务		日期		地点	
任务开始时间：　　年　月　日			任务完成时间：　　年　月　日		
检测内容			系数	分值	得分
1. 制定突发事件处理预案			2.0	20	
2. 突发事件信息收集			1.5	15	
3. 事件核实确认			1.0	10	
4. 通知相关人员			1.0	10	
5. 成立领导小组			1.5	15	
6. 组织人员实施处理			1.5	15	
7. 事件调查报告撰写与事件善后处理			1.5	15	
合计			10	100	
认为做得好的地方：					
认为最不满意的地方：					
值得改进的地方：					
自我评价：			非常满意		
			满意		
			不太满意		
			不满意		
互评：					
师评：					
第三方评价：					

拓 展 提 升

请阅读以下书籍。

1. 张志军.饭店安全管理实务［M］.北京:旅游教育出版社,2008
2. 郑向敏.酒店安全控制与管理［M］.重庆:重庆大学出版社,2009
3. 董洪春.星级酒店经理安全管理案头手册［M］.北京:化学工业出版社,2010